코로나19
새 시대로 가는
징검다리

코로나19
새 시대로 가는
징검다리

정현진 · 지음

하나님은 2020년 이후의 세계를 어떻게 펼쳐가실까?

여호와의 말씀이니라 너희를 향한 나의 생각을 내가 아나니
평안이요 재앙이 아니니라 너희에게 미래와 희망을 주는 것이
니라(렘 29:11)
나는 생각한다. 그러므로 나는 있다.(Cogito, ergo sum – 데카르트)

하나님은 우리에게 '생각'이라는 선물을 주셨다. 그래서일까? 우리나라 말을 비롯해 각 나라 언어에는 생각과 관련된 낱말이 참 많다. 한자에는 사상념려지의수(思想念慮志意愁)가 있다.

사(思)는 곰곰이 살펴서 생각하는 것이다. 사유 사색이 그런 뜻이다. 상(想)은 이미지로 떠오르는 생각이다. 연상(聯想) 상상(想像)이 그런 것이다. 염(念)은 머리에 들어와 박혀 떠나지 않는 생각이다. 잡념 염원 등이 그것을 나타낸다. 려(慮)는 호랑이가 올라탄 듯 짓누르는 생각이다. 이에 우려 염려 등이 쓰인다. 사려(思慮)는 깊더라도 염려(念慮)나 상념(想念)은 지나치게 깊으면 곤란하다.

지(志)는 선비(士)의 마음(心)이다. 그는 항상 도끼(士)를 지니고 다닌다. 그것으로 고정관념으로 두껍게 얼어붙은 마음(心)을 수시로 깨뜨리면 자기 자신을 갱신한다. 의지니 지원이니 하는 말에서 우리는 시퍼런 날 설 정도로 연마된 도끼를 느낀다.

의(意)는 소리(音)로 퍼 나르는 진솔한 마음이다. 죽은 사람을 애도할 때 마음의 소리(조의 弔意)가 우러난다. 사람은 사물과 사람과 자연을 대할 때 그냥 지나치는 대신에 마음의 안테나로 맛을 본다. (의미 意味) 살아 있는 우리는 살아 숨 쉬는 한 무엇인가를 의식(意識)하며 생활한다.

우리에게는 수(愁)도 있다. 이것은 수심(愁心)이다. 남보다 더 가을(秋)을 타며(心) 사는 사람도 있다. 이는 추수를 마치고 나 추운 겨울이 오는 것을 걱정하고 근심하는 것에 빗댄 것이다. 그런 것은 곧 잘 눈썹에 나타난다.(수미 愁眉) 어느 곳을 향한 그리움이 커지면 향수(鄕愁)가 된다.

이 7가지 생각이 코로나19를 만난 우리 마음에 시시때때로 엇갈리며 찾아온다. 지금 우리는 이제껏 듣도보도 못한 길을 가고 있으니 이런 것도 당연하다. 어디를 가도 누구를 만나도 코로나19 이야기가 입에 오르내린다. 이대로 가다가는 2020년은 '코로나19'로 시작해 '코로나19'로 끝날 것 같다. 아니 이것이 내년과 그 이후까지 오래 이어질 듯하다.

현미경으로 보아야만 볼 수 있는 이 작은 바이러스가 지금은 사우디아라비아가 제다에 세우는 지상 168층 지하 3층짜리(높이 1000m 이상) 킹덤타워(Kingdom Tower)보다 더 높아 보인다. 그것은 하늘 높은 줄 모르고 치솟던 인간의 자만을 밑도 끝도 없는 나락으로 떨어뜨리기도 한다.

지금 이렇게 보이고 느껴지는 그것이 다일까? 아니다. 결코 아니다. 나는 코로나19와 그 현상 이면에 감추어진 하나님의 뜻과 길이 있다고 믿는다. 하나님의 생각과 계획이 이 일에도 잠재되어 있다. 나는 선한 목자이신 하나님을 믿으며 순자가 했다는 말도 함께 떠올리며 오늘을 살아간다.(《순자(荀子)》〈수신(修身)〉)

좋은 농부는 가뭄이 들어도 밭갈이를 그치지 않는다.
좋은 장사꾼은 손해를 보더라도 가게 문을 닫지 않는다.
훌륭한 선비는 가난하더라도 도에 게으르지 않는다.

오늘도 다시 열린 이 세계에 살아가는 나는 내 속에 오가는 여러 가지 생각을 이 틀에 맞추는 흉내라도 내보아야겠다.

2020년 입동(立冬)을 지나며 인왕산 기슭에서

머리말 ◎ 4

1장 갑자기 찾아온 손님

불청객 ◎ 12

안전거리두기 ◎ 21

중단되는 일상생활 ◎ 27

누가 멈출 수 있는가 ◎ 38

코로나 우울증 ◎ 46

언택트와 온택트 및 뉴택트 ◎ 57

바람부는 곳에 서다 ◎ 64

2장 새로운 일상과 신앙

이웃과 함께하는 새로운 일상 ◎ 72

다시 열릴 관혼상제 ◎ 77

성경에서 본 전염병의 정체 ◎ 86

코로나 19가 가져다 준 선물 ◎ 92

전염병에 관련된 기독교전통 ◎ 100

무너진 교회들 ◎ 116

조선시대의 전염병 대처 ◎ 123

인포데믹 ◎ 130

3장 새로운 AD 시대

백신은 인류를 구할 것인가? ◎ 138

아직도 옛 BC 시대를 고집하려는 기독교 ◎ 142

새 아침이 동터올 때까지 ◎ 155

하나님, 우리에게 돌아오소서 ◎ 163

새로운 AD 시대를 내다보는 신앙생활 ◎ 179

성큼 다가서는 AI ◎ 184

이제야 비로소 21세기 ◎ 196

참고문헌 ◎ 210

1장

갑자기
찾아온 손님

불청객

장미꽃에 가시가 있다. 독버섯이 식용버섯보다 화사하고 예쁘다.
우리를 찾아온 새로운 바이러스 이름은 코로나다. 라틴 말로 이것은
왕관을 뜻한다. 혹시 왕관 19개가 합쳐져 있기에 코로나 19라는 이
름이 붙었을까? 왕관이라 그런지 그 모양이 참 화려하다. 볼티모어
분류법에 따르면 코로나19 바이러스는 IV군, 겹가닥 RNA다. 눈에
보이지도 않을 만큼 이 작고도 예쁜 것이 지금 인류를 상상도 못할
위기로 몰아넣고 있다.

2019년 12월 8일이었다, 원인을 알 수 없는 어떤 질환이 발생했
다는 소식이 들려온 것이. 그 바이러스에 감염되면 폐가 손상되고,
심할 경우 질식사한다고 했다. 이에 따른 첫 번째 사망자는 2020년
1월 11일 중국에서 나왔다. 그 시초는 우한이었다. 삼국지에 따르
면 위 촉 오 세 나라가 이 지역을 서로 차지하려고 각축전을 벌였
다. 1949년 중국은 한양 우창 한커우를 합쳐 이곳을 우한이라 불렀
다.(1911년 10월 10일의 우창봉기는 청나라를 무너뜨리고 동아시아 최초의 공
화국인 중화민국이 세워지는 계기가 되었다) 이곳은 '아홉 성을 연결하는

네거리'라 부를 정도로 철도와 고속도로가 지나는 교통의 요지요, 인구가 1100만 명에 달한다.

코로나19가 중국 후베이성 우한에서 시작되었다는 이유로 어떤 이들은 코로나19를 '우한 폐렴'이라 부르기도 한다. 공식명칭을 애써 외면하고 일부러(?) 이렇게 부르는 사람들이 있다. 그들은 '어떤' 의도를 가진 것일까? 사실 코로나19의 발원지는 아직 과학적으로 확실하게 밝혀지지 않았기에 그런 의아한 생각이 든다.

우리나라 첫 번째 확진사례는 2020년 1월 20일에 나왔다. 2월 20일에는 청도 대남병원에서 국내 첫 번째 사망자가 발생했다. 그전까지 사람들 대부분이 남의 일인 양 그냥 흘려들었다. 그날 이후 오늘까지 남녀노소 우리 모두는 예전과 다른 일상생활을 하고 있다. 코로나19 이전과 이후의 사정이 완전히 달라졌다. 만물의 영장을 자처하는 인간이 눈에 보이지도 않는 바이러스에 벌벌 떨고 있다. 아니 두려워 떠는 정도가 아니라 실제로 엄청난 재난에 빠졌다.

10월 30일 현재 지구촌의 코로나19 환자는 4천500만 명이 넘는다. 사망자가 약 119만 명이다. 이 책이 출판될 때에는 그 숫자가 아주 많이 불어나 있으리라. 상황이 이렇다보니 어떤 사람들은 이를 가리켜 3차 세계대전이라 부른다.

전염병이 같은 시기, 같은 질환으로 발생하더라도 국가와 지역마다 각기 다른 이름으로 불리곤 했다. 옛날 바이러스나 박테리아를 잘 모르던 시절에는 동서양이 다 괴질(怪疾) 역병(疫病) 온역(瘟疫)이라 불렀다.

캐나다의 AI 스타트업인 블루닷(Blue Dot)은 코로나19가 발생하자 2019년 12월 31일 고객들에게 이를 조심하라는 경보를 보냈다. 이는 세계보건기구(WHO)가 이를 감지하고 알리기보다 열흘 앞섰다. WHO는 2020년 1월 30일 코로나19 위기에 국제적 공중보건 비상사태(PHEIC)를 선언했다. 3월 11일에는 뒤늦게나마 팬데믹을 선포했다. WHO의 이런 뒷북치기는 두고 두고 사람들 입방아에 오르내린다.

팬데믹(pandemic＝세계보건기구가 경고하며 선언하는 전염병 최고 등급)이란 사람이 아직 면역력을 갖지 못한 상황에서 바이러스가 전 세계로 확산되며 크게 퍼져나가는 상태를 가리킨다.

세계보건기구는 감염병의 위험도에 따라 1-6 등급의 경보를 정하는데, 팬데믹은 그 가운데 최고 위험 등급인 6단계에 속한다. 이번 팬데믹 선언은 1948년 설립된 이래 1968년 홍콩 독감, 2009년 신종 인플루엔자에 이어 세 번째였다.[1]

---

1) 1918년 스페인독감은 세계보건기구가 생겨나기 전에 일어났다. 스페인 국립도서관에 따르면 1918년 스페인 독감 창궐로 전 세계적으로 5천만~1억 명이 사망했다. 스페인에서만 30만 명이 죽었다. 1차 세계 대전(1914~1918)과 2차 세계 대전(1939~1945)으로 사망한 수는 각각 2500만 명과 6000만 명이었던 것을 감안하면 이것이 얼마나 큰 사건인지 알 수 있다.

마이크로소프트(MS) 창업주 빌 게이츠는 '전염병이 핵폭탄이나 기후변화보다 훨씬 위험할 수 있다'고 경고했다. 그때가 2017년 2월 18일(현지시간) 독일에서 열린 '뮌헨 안보 콘퍼런스'에서 였다.[2] 그보다 앞서 2015년 8월 13일 '다음에 전염병이 출현한다면 우리는 준비되지 않았다'(the next outbreak we're not ready)라는 연설을 했다.[3] 그의 말대로 우리는 대항할 준비를 미처 하지 못한 채 코로나19 바이러스를 맞이했다.

아무도 원하지 않는 코로나19는 제 발로 우리를 찾아왔다. 그것은 진정 불청객이다. 이에 얼마만큼 정확하고도 성숙하게 대하느냐에 따라 우리의 미래가 달라질 것이다. 그것은 우리의 공간과 활동 개념을 바꾸어놓았다. 등교하지 않는 학생과 선생, 출근하지 않는 직장인과 경영인, 예배당에서 예배드리지 않는 신앙인이 생겨나게 했다.

코로나19는 단순히 신체적 건강과 생명만 위협하는 전염병이 아니다. 그것은 크고 작은 사업을 운영하는 경제인들, 수요 · 공급 · 소

---

2) https://www.seoul.co.kr/news/newsView.php?id=20200128500049 (서울신문 2020. 01. 29)

3) 그 가운데 한 대목이다. "앞으로 몇 십년간 만약 무엇인가 천만 명이 넘는 사람들을 죽인다면, 그것은 아마도 전쟁이 아니라 매우 전염성이 강한 바이러스이리라. 미사일이 아니고 미생물이리라. 그 이유 중의 하나는 우리가 막대한 양을 핵 억제력에 투자했다는 것이다. 그러나 실질적으로 우리는 전염병을 멈출 시스템에 매우 적게 투자를 해왔다. 우리는 다음 전염병에 준비되지 않았다." https://adipo.tistory.com/entry/The-next-outbreak-Were-not-ready%EB%8F%85%ED%95%B4-TED

비(내수와 수출)가 다 흔들리는 경제 혼돈, 유치원 학교 학원 등 각종 교육활동, 의료진의 의료활동, 종교인 및 신앙인의 신앙생활, 사람들의 의식구조, 여행 및 여가 생활, 취미생활 등 정치 경제 사회 문화 등 인간의 생활 전체에 크고 작은 영향을 끼치고 있다. 이는 또한 사람들의 정신건강에도 적지 않은 영향을 끼친다.

이런 일을 겪으며 우리는 '인류는 하나다'라는 평범한 사실을 재확인한다. 이를 부정적으로 보면 그 연결로 인해 감염이 확대 재생산되었다. 그로 인해 일시적으로는 서로 미워하거나 차별하는 등 거리감이 커지는 경향도 엿보인다. 이런 태도는 일차적인 반응에 지나지 않는다. 조금만 생각의 폭을 넓히면, 시간이 조금만 흐르면 우리는 2차 3차로 생각을 깊고 넓게 하며 거기서 벗어난다. 긍정적으로 보면 이 연결은 결국 코로나19 이후 새 시대를 개척하는 통로가 될 것이다.

코로나19의 확산이 어느 한 국가만의 문제가 아니라 온 지구촌이 함께 해결해야 할 국제 문제라는 점에는 이견이 있을 수 없다. 이에 강경화 외교부 장관은 지난 9월 3일 주요20개국(G20) 화상 특별 외교장관회의에 참석해 코로나19 극복을 위한 국제공조 필요성을 강조했다.

현재 감염병의 국제적인 확산 방지 활동에 관계하는 국제기구는 세계보건기구(World Health Organization, WHO)이다. WHO는 국제연

합(UN)의 내부 기관은 아니더라도 「국제연합헌장」 57조에 근거하여 각 전문분야별로 창설된 UN 전문기구다. WHO는 넓은 의미에서 유엔 일원이다. 현재 회원국은 194개국이고, 우리나라는 1949년 가입하였다.

그러나 감염병이 발생했을 때 해당 회원국이 WHO에 신속히 통고하지 않아도 이를 강제하거나 제재할 수단이 미비하다. 또 WHO가 감염병 발생 시 IHR 2005에 따라 회원국들에게 어떠한 내용의 권고를 하더라도 이를 강제할 법적인 방법이 없다. 실제로 중국은 코로나19 발생 당시 신속하게 WHO에 통고하지 않고 은폐하려 했다는 의혹을 사고 있다.

국제공조는 코로나19 팬데믹 상황 아래 놓인 지금 그 어느 때보다 절실하다. 그런데도 지금은 미·중 무역분쟁, WTO 기능약화 등 다자주의가 약화되고 있던 데다, 코로나19의 발발로 세계화(globalization)의 취약성이 드러났고 탈세계화(de-globalization) 정서가 고조되는 등 그것을 가로막는 요인들이 많다.

지금 각국 정부는 독자적인 판단에 따라 자국민·외국인에 대한 입출국 제한, 방역물자 및 식량 등 필수물자의 수출입 제한 등에서 각각 다른 처방을 내놓고 있다. 각기 다른 기준과 방식으로 감염 확진자를 진단·격리하고 그 이동경로를 추적한다. 대중과 의료계에 공유되는 정보의 내용과 수준도 제각각이다. 지금 각 나라는 이렇게 각국도생(各國圖生)의 길을 걷고 있다. 이는 필연적으로 더 높은 수준의 보호주의와 국수주의의 길로 이끌 것이다.

유럽은 19세기 전염병이 발생했을 때 국제적으로 공조하며 이를 극복해 나갔다. 이를테면 19세기에 적어도 6차례 콜레라가 유행하던 중 3차 콜레라 대유행시기인 1851년 프랑스 파리에서 국제위생회의(International Sanitary Conference)가 개최되었다. 그 활동내용은 다음과 같다.(이영석 236)

	개최지	개최 시기	참가국
1차 회의	파리	1851. 7. 23 ~1852. 1. 19	오스트리아-헝가리, 프랑스, 영국, 그리스, 교황청, 포르투갈, 러시아, 사르데냐, 시칠리, 에스파냐, 오스만제국, 토스카나
2차 회의	파리	1859. 4. 9 ~1859. 8. 30	오스트리아-헝가리, 프랑스, 영국, 그리스, 교황청, 포르투갈, 러시아, 사르데냐, 시칠리왕국, 에스파냐, 오스만제국, 토스카나
3차 회의	콘스탄티노플	1866. 2. 13 ~1866. 9. 26	오스트리아-헝가리, 벨기에, 덴마크, 이집트, 프랑스, 독일, 영국, 그리스, 이탈리아, 룩셈부르크, 네덜란드, 노르웨이, 페르시아, 포르투갈, 루마니아, 러시아, 세르비아, 에스파냐, 스웨덴, 스위스, 오스만제국
4차 회의	비엔나	1874. 6. 1 ~1874. 8. 1	오스트리아-헝가리, 벨기에, 덴마크, 이집트, 프랑스, 독일, 영국, 그리스, 이탈리아, 룩셈부르크, 네덜란드, 노르웨이, 페르시아, 포르투갈, 루마니아, 러시아, 세르비아, 에스파냐, 스웨덴, 스위스, 오스만제국
5차 회의	로마	1885. 5. 20 ~1885. 6. 13	아르헨티나, 오스트리아-헝가리, 벨기에, 브라질, 칠레, 중국, 덴마크, 프랑스, 독일, 영국, 그리스, 과테말라, 인도, 이탈리아, 일본, 멕시코, 네덜란드, 페루, 포르투갈, 루마니아, 러시아, 세르비아, 에스파냐, 스웨덴, 노르웨이, 스위스, 오스만제국, 미국, 우루과이
6차 회의	비엔나	1892. 1. 5 ~1892. 1. 31	오스트리아-헝가리, 벨기에, 덴마크, 프랑스, 독일, 영국, 그리스, 이탈리아, 네덜란드, 포르투갈, 러시아, 에스파냐, 스웨덴, 노르웨이, 오스만제국(이집트 포함)
7차 회의	드레스덴	1893. 3. 11 ~1893. 4. 15	오스트리아-헝가리, 벨기에, 덴마크, 프랑스, 독일, 영국, 그리스, 이탈리아, 룩셈부르크, 몬테네그로, 네덜란드, 포르투갈, 러시아, 에스파냐, 세르비아, 스웨덴, 노르웨이, 오스만제국(이집트 포함)
8차 회의	파리	1894. 2. 7 ~1894. 3. 10	오스트리아-헝가리, 벨기에, 덴마크, 프랑스, 독일, 영국, 그리스, 이탈리아, 네덜란드, 페르시아, 포르투갈, 러시아, 에스파냐, 스웨덴, 노르웨이, 오스만제국, 미국

이번 불청객 앞에 세계가 다 허둥지둥하고 있다. 그것에 능동적이고 효과적으로 대처하기 위해 국제공조를 이끌어 낼 리더십이 아

직 보이지 않는다. 세계 패권을 놓고 사사건건, 특히 무역문제를 놓고 충돌하던 미국과 중국은 코로나19를 기화로 더 첨예한 불협화음을 내고 있다. WHO는 이 문제에 관한 한 지도력을 이미 잃었다.

일본은 어떻게든 올림픽을 개최하려고 사실을 숨기다가 낭패를 당했다. 올림픽도 연기되고 코로나19도 잡지 못하는 등 두 마리 토끼를 다 놓쳤다.

스웨덴 영국 네덜란드 등은 집단면역을 시도하다가 숱한 비난을 받은 끝에 방역대책을 처음부터 다시 세워야만 했다.

현재 코로나19가 전 세계로 널리 퍼지는 것은 세계화의 진행과 무관하지 않다. 많은 국가가 코로나19의 유입과 확산을 차단하기 위해 국경을 크든 작든 봉쇄하고 있다. 이는 그만큼 세계화가 폭넓게 진행되었으며, 국가들이 서로 의존하고 있다는 사실을 역설적으로 보여준다.

사회의 대형 재난이나 코로나19 등의 전염병은 각 개인을 다양한 감정과 태도로 반응하게 이끈다. 사람들은 그 상황이 심각할수록 원망 혐오 배척과 동정 이해 협력 사이를 오간다. 경기연구원이 코로나19가 발생한 뒤 그동안 일어났던 사회적 재난과 전염병에 대한 사람들의 반응과 국민 정신건강 실태를 조사해 발표한 다음 도표에도 그런 사실이 잘 나타나 있다.(이은화 21)

	총	성별		연령				
		남	여	10대	20대	30대	40대	50대
코로나19로 인한 불안/우울 경험	47.5	39.8	55.5	40.0	44.5	46.5	48.2	52.2
불안/스트레스 정도								
중증질환	27.1	24.2	30.1	10.8	20.8	25.6	30.4	34.9
메르스	16.7	13.3	20.2	8.3	13.9	17.3	16.7	20.9
경주/포항 지진	21.3	15.7	27.2	17.5	19.1	23.4	20.4	23.5
세월호 침몰	44.5	36.7	52.7	36.7	43.2	47.8	43.4	46.3
코로나19	62.9	57.7	68.3	51.7	59.7	67.6	65.6	62.3
일상생활 지장								
중증질환	51.0	45.0	57.3	30.0	44.6	50.6	52.6	61.2
메르스	27.1	21.1	33.5	21.7	27.7	23.4	28.6	30.0
경주/포항 지진	25.2	18.1	32.7	26.7	21.1	22.8	26.7	28.4
세월호 침몰	33.7	28.2	39.4	28.3	29.7	32.1	34.7	38.8
코로나19	77.3	71.7	83.2	77.5	75.9	79.8	74.9	78.6
확진자에 대한 감정								
동정, 위로	67.3	70.0	64.6	60.0	57.8	60.6	72.5	77.5
분노, 원망	16.2	12.4	20.2	10.8	15.5	16.3	17.7	16.8
없음	16.5	17.7	15.2	29.2	26.7	23.1	9.8	5.7
언론에서 코로나19 접할 때 감정								
종식될 것이라는 희망감	11.8	13.1	10.4	15.0	12.9	10.9	10.3	12.1
지속될 것이라는 절망감	16.3	15.1	17.6	13.3	16.2	13.8	16.1	19.6
반복된 뉴스의 피로감	11.7	13.9	9.3	14.2	12.2	11.5	13.5	8.8
특정 개인/단체 일탈행동 원망	22.7	19.5	26.0	22.5	22.1	27.6	21.2	20.7
정부 방역정책 응원	12.3	12.4	12.2	4.2	7.6	14.1	16.7	12.7
정부 방역정책 원망	4.6	5.6	3.6	6.7	6.6	3.8	2.4	5.2
일선 의료인력 응원	19.2	18.6	19.8	21.7	20.5	15.7	19.3	20.2
일선 의료인력 원망	0.9	1.3	0.4	1.7	1.0	1.6	0.3	0.5
수면의 질 저하(수면장애)	20.2	15.6	25.0	15.0	17.2	18.9	22.5	23.0
심리지원 서비스 필요성	49.6	48.9	50.3	50.0	51.8	53.8	46.3	47.5
필요 서비스/프로그램								
자가 심리관리 프로그램	26.7	25.2	28.2	16.7	27.4	25.0	24.6	32.6
요가 등 신체활동 프로그램	15.4	13.1	17.8	19.2	15.2	12.8	15.6	16.3
인문강의, 음악 등 문화프로그램	11.1	12.2	9.8	15.8	9.2	9.9	12.2	10.9
미술치료 프로그램	1.7	1.6	1.9	4.2	1.7	2.2	1.6	0.8
개별적 전문 심리상담 및 치료	17.7	17.0	18.5	14.2	18.8	21.2	20.4	12.7
집단 심리치료 프로그램	5.5	6.4	4.7	3.3	5.0	6.4	5.8	5.7
동일 경험자 상호치유 자조모임	11.1	11.1	11.1	13.3	7.9	11.5	10.3	13.2
정신의학적 약물치료	2.4	3.3	1.5	4.2	2.3	3.2	1.3	2.3

안전거리두기

요즘 우리는 평소 낯설었던 낱말들을 자주 쓴다. 그 가운데 하나가 이미 일상용어로 자리를 굳힌 사회적 거리두기(social distancing)란 말이다. 우리나라에서 코로나19 확진자가 급증하던 올 2월 말, 감염병 전문가(대한예방의학회 코로나19 대책위원장 기모란 교수)가 '감염병 확산을 막기 위한 사람 간의 접촉 줄이기'를 제안하면서 이 말을 처음 썼다. 그 제안에 공감하면서 정부, 언론, 전문가, 그리고 우리가 사회적 거리두기란 말을 여과 없이 받아들여 사용하고 있다.

사회적 거리란 말은 본디 그런 뜻이 아니다. 여기서 말하는 '사회'는 물리적 공간과는 상관이 없다. 그보다는 마음과 관습 제도 및 인간의 상호관계에 관련된 용어다. 사회학에서 이 말은 사회계급, 인종, 성별 등 다른 사회 집단 사이의 거리를 가리킨다. 이는 개인 또는 그룹이 사회 연결망에서 다른 개인 또는 다른 그룹에 대해 느끼는 근접도 또는 친밀감(수용과 배척)의 척도이다. 그리고 한 집단이 다른 집단에 대해 가지고 있는 신뢰 수준과 인정받는 믿음의 유사성

을 가늠하는 척도를 가리킨다.[4]

사회적 거리란 말을 처음 쓴 사람은 로버트 E. 파크(1864-1944)였
다. 그는 1924년에 사회적 거리를 '개인과 사회적 관계를 일반적으
로 특징짓는 이해와 친밀감의 등급과 정도를 측정 가능한 용어로 환
원하는 시도'라고 정의했다.[5]

사회학에서 사회적 거리란 사회적 계층 인종 민족 성별 또는 성
인식 에 기초해 사회 여러 그룹 사이의 거리를 말한다. 그 구체적인
내용은 다음과 같다.[6]

1) 정서적 측면 : 사회적 거리에 관한 한 가장 광범위한 관점은 정
서적인 것이다. 이는 어떤 그룹의 구성원이 다른 그룹에 대해 얼마
나 많은 동정심을 느끼는지를 측정한다. 'Bogardus 사회적 거리 척
도'의 창시자인 보가더스(E. S. Bogardus 1882-1973는 일반적으로 사회적
거리의 주관적인 개념에 기반을 두었다.

그는 같은 사회에 사는 사람들을 집단 안에 묶어놓고 그 안에서
사람들이 자기가 속한 집단에 있지 않는 사람들에 대한 호불호를 살

---

4) Boguna, Marian, Romualdo Pastor-Satorras, Albert D az-Guilera, and Alex Arenas, Models
   of social networks based on social distance attachment, Physical Review, 70(2004), 1-8;
   Helfgott, Jacqueline B. & Gunnison, Elaine, The influence of social distance on community
   corrections officer perceptions of offender reentry needs, Federal Probation, 72((2008), 2-12
5) Journal of Applied Sociology, 8(1923-24), 339-344
6) Karakayali, Nedim, Social Distance and Affective Orientations, Sociological Forum, 24(2009)
   538-562

펴보았다. 그는 1,725명의 미국인에게 외국에서 온 이주민에 관해 40가지 설문을 통해 그들에 대한 마음(심정)의 거리를 물었다. 이들을 당장 추방해야 하느냐, 방문만 허용해야 하느냐, 시민으로 받아주어야 하느냐, 미국에서 직업을 갖는 것을 허용해야 하느냐, 학교친구로서 지낼 수 있도록 해주어야 하느냐, 이웃으로서 지낼 수 있도록 해주어야 하느냐, 직장동료로서 지낼 수 있느냐, 결혼을 통해 가족이 되는 것까지 허용할 수 있느냐 등의 질문이었다. 여기서 나오는 허용의 범위는 이민정책에 대한 국민여론을 분석하는 기준이 될 수 있다.

2) 규범적 측면: 이것은 누가 내부자로, 누가 외부자(외국인)로 간주되어야하는지에 관해 널리 받아들여지고 종종 의식적으로 표현된 규범을 가리킨다. 이것은 '우리'와 '그들'을 확실하게 구별한다. 이런 점에서 규범적 사회적 거리는 사회적 거리의 비주관적이고 구조적 측면이다. 이런 뜻에서 정서적 사회적 거리와 기준이 다르다. 이 개념의 예는 독일 사회학자 짐멜(Georg Simmel), 프랑스 사회학자 뒤르켐(Emile Durkheim) 및 미국의 사회학자 파크(R. Park)의 글에 보인다. 이를테면 나는 전철을 타고 갈 때 낯선 사람과 어깨를 나란히 하고 옆에 앉는다. 그 사람과 나의 심정적 거리는 멀리 부산에 있어서 한 해에 서너 번 볼까 말까 하는 친구보다 더 가까울까? 아니다. 몸이 멀어지면 마음도 멀어진다는 말이 있기는 해도, 전철 안의 이웃은 멀리 떨어진 곳에 사는 나의 친구와 비교할 수 없이 멀다. 파크는

이런 방법으로 사람 사이의 친소 정도를 측정했다.

3) 상호작용의 측면: 이것은 두 집단 간의 상호작용 빈도와 강도
에 초점을 맞추며, 두 집단의 구성원이 상호작용을 많이 할수록 사
회적으로 더 가까워진다고 주장한다. 이 개념은 사회학적 네트워크
이론의 접근 방식과 비슷하다. 이것은 두 당사자끼리 상호 작용하는
빈도가 그들 사이의 사회적 유대를 강력하게 만드는 척도가 된다는
것이다.

4) 문화적 관습적 측면: 이것은 피에르 부르디외(Pierre Bourdieu,
1930-2002)가 제안한 문화 및 습관에 초점을 맞춘다.(Essays toward a
Reflective Sociology 1990) 그는 구별 짓기 (1979)란 책에서 프랑스 사
람들이 자신의 계급적 기반과 어긋나는 행동을 하는 것, 예컨대 노
동자들이 보수 정당에 표를 던지는 경우를 해석하는 실마리를 제공
했다.[7] 또한 사회적 거리는 사람들이 가지고 있는 '자본'의 영향을
받는다고 했다.[8]

---

7) 최종철 옮김, 구별 짓기–문화와 취향의 사회학, 새물결플러스, 1995(상), 2005(하)
8) 다음은 《네이버 지식백과》'피에르 부르디외와 한국사회'에 따라 요약한 것이다. i) 경제자본:
   이것은 곧바로 화폐(현금)가 될 수 있다. 소유권의 형식으로 제도화된 이 자본은 생산의 여러
   요소들(토지, 공장, 노동력 등)과 각종 재화들(자산, 수입, 소유물 등)을 포함한다; ii) 정보자본: 이것은
   정보를 받아들여 형성되는 각종 정보와 성향의 저장물(stock)이다. 여기에는 문화자본이 포함된다.
   문화자본은 가족에 의해 전수되거나 교육체계로 생산된다. 그것은 대체로 세 가지 상태로
   존재한다. ㄱ) 자연스러운 말투나 몸짓 등 지속적인 성향으로 체화(incorpor)된 것. ㄴ) 책, 미술품
   등 다양한 문화재화로 대상화된 것. ㄷ) 자격을 부여받아 승인된 제도; iii) 사회(관계)자본: 이것은 한

이런 개념들은 서로 분리되기도 겹치기도 하면서 사회적 거리를 밝혀준다. 각기 다른 두 그룹의 구성원이 상호작용을 자주 하더라도 그것이 반드시 서로 친밀하다거나, 서로를 같은 그룹의 구성원으로 받아들이는 것은 아니다. 다시 말해 사회적 거리 개념에서는 상호 작용적, 규범적 및 정서적 차원은 서로 관련되지 않을 수도 있다.

인류학자 에드워드 T. 홀(1914-2009)은 숨겨진 차원(The Hidden Dimension) 이란 책에서 인간관계를 4가지의 거리(distance)로 분류했다.(Die Proxemik)[9] i) 친밀한 거리(intimate distance)는 가족이나 연인 사이의 거리로 0~46cm 정도의 거리다. 착 달라붙어있거나 아주 약간 떨어져 있는 것이 더 편안한 관계라는 것이다. ii) 개인적 거리(personal distance)는 친구나 지인 간의 거리로 46~122cm 정도다. 이는 서로 가까워졌다 멀어졌다 하면서 대화를 나누기에 좋은 사이다. iii) 사회생활의 거리(social distance)는 서로 알고 지내는 사람 사이에서 이루어지는 상호작용을 나타낸다. 이것은 1.2~3.7m가 적당하다. iv) 공적인 거리(public distance)는 3.6~7.7m 또는 그 이상이다. 이는 연설이나 강연을 할 때 필요한 거리다. 공연을 할 때 무대와 객석 사이도 이 정도 떨어져야 한다.

개인이나 집단이 동원하고 활용할 수 있는 사회적인 연출과 관계망이다. 예를 들면, 귀족이라는 명칭 안에 제도화될 수 있다. 이것을 소유하려면 관계를 만들고 관리하는 사교성의 노동(초대, 집단적 오락, 클럽에의 가입 등)이 요구된다.

9) E. T. Hall, The Hidden Dimension, 1982

프로스트(R. Frost 1874-1963)는 '담을 고치며(Mending wall)'라는 시에서 말했다. '담을 만들기 전에 나는 묻고 싶다. 내가 무엇을 담 안에 넣고 무엇을 담 밖에 두려는지. 그리고 누구를 막아내려는지…….거기에는 담을 좋아하지 않는 무언가가 있다…… 좋은 담이 좋은 이웃을 만든다(Good fences make good neighbors).'

E. T. 홀은 전염병 예방을 위한 거리두기에는 2m가 적당하다고 보았다. 본디 그는 팬데믹 같은 전염병과 무관하게 이런 말을 했는데, 오늘날의 상황과 우연히 맞아떨어졌다. 이에 따라 오늘 우리는 인간이 자연스럽게 공공장소에서 공공활동을 하면서 유지하는 심리적 거리가 아니라, 전염병 방역을 위한 의무적(물리적, 신체적) 거리라는 뜻으로 사회적 거리두기란 용어를 쓰고 있다.

엄격히 말하자면 이것은 사회적 거리두기가 아니라, 같은 공간에서 생활하는 사람들 사이의 신체적인 거리를 가리킨다. 이에 세계보건기구는 사회적 거리두기 대신에 '물리적 거리두기'라는 용어를 쓰자고 제안했다. 또 '감염병 확산을 방지하기 위한 거리두기'라는 제안도 있다.

사실 사회적 거리를 두자거나 물리적 거리를 두자는 말은 우리 몸에서 나오는 비말이 다른 사람에게 튀지 않을 정도의 거리를 유지하자는 제안이다. 이런 뜻에서 나는 사회적 거리두기나 물리적 거리두기라는 표현보다는 차라리 '안전거리두기' 또는 '생활 속 거리두기'라는 말이 더 적합하다고 생각한다. 언제 끝날지 모르는 팬데믹 현상 아래 생활하는 우리에게 이런 거리두기가 반드시 필요하다.

중단되는 일상생활

보통 사람에게서 일상생활의 중단은 평범한 일상 중에 하나다. 학교 직장(직업) 질병 여행(출장) 등 여러 가지 이유로 우리의 일상생활은 종종 중단된다. 다만 코로나19로 인한 그것은 개개인 또는 작은 집단의 차원이 아니라, 작게는 하나의 국가 크게는 지구촌 전체가 같이 겪는다는 점에서 차이가 크다. 시카고 대학교 역사학 교수이자 《전염병의 세계사》 저자인 W. 맥닐은 말했다.

다른 사람들과 마찬가지로 역사가에게도 때때로 발생하는 재앙에 가까운 전염병의 창궐은 일상을 갑작스럽게, 예측불허로 침범했으며, 본질적으로 역사적인 설명이 가능한 범주를 벗어나는 것이었다.

되돌아보면 나의 일상은 여러 차례 중단과 변화과정을 밟아왔다. 그것은 주로 질병(입원)과 유학생활을 통해서 찾아왔다. 그 가운데 질병의 경우를 살펴보면 다음과 같다.

1) 뇌막염(뇌수막염)

나는 초등학교 4학년 때 뇌막염을 앓았다. 어느 날 밤 갑자기 발병하고 혼수상태에 빠졌다. 시골에서 태어나 자란 나에게 그럴 때 찾아가는 병원도 거기에 없었다. 부모님은 나를 리어카에 싣고 한 시간 걸어가 축현리까지 오는 버스에 태워 '김주일 금촌의원'에 입원시키셨다. 김주일 원장은 어릴 적 북한에서 월남하신 분이다. 그는 서울대 의대를 졸업하고 1964년 금촌에서 개업한 후 최근까지 거기서 의료활동을 하셨다.

나는 그날부터 15일 동안 의식을 잃었다. 나중에 동네 사람에게 들으니, 할아버님은 병원에 다녀오신 뒤 울면서 '손자 하나 잃게 생겼다'며 어디에 묻을지 알아보셨다고 한다.

혼수상태로 보름이 지난 다음 날 새벽이었다. 갑자기 병실 문 위쪽 하얀 벽에 눈이 부실 정도로 하얀 옷을 입으신 예수님이 천사들과 함께 나타나셨다. 부활하신 예수님인가, 변화산성에서 변모하신 주님인가 잘 모르겠다. 그 둘 중 하나인 것은 분명하다.

그 환상을 보고 깨어난 나는 어머니가 내 옆에 쓰러져 잠드신 모습을 보았다. 그날 이후 나는 빠른 속도로 회복되어, 보름 뒤 퇴원하고 한 달 동안 집에서 요양한 다음 두 달 만에 학교에 다닐 수 있었다. 김주일 선생님은 의사생활 20여 년 동안 이 병으로 나같이 회복되는 사람을 처음 보았다고 하셨다.

이것은 당시 1000명이 이 병에 걸리면 990명이 죽고, 살아난 10

명 중에도 8-9명이 백치가 된다는 무서운 병이었다. 하나님 은혜로 나는 건망증이 심한 것 말고는 후유증이 거의 없이 나았다. 그 건망 증으로 인해 나는 어머니로부터 '그 머리로 공부는 어떻게 하는지 신기하다'는 말씀을 여러 차례 들었다. 시 91:7이다.

> 천 명이 네 왼쪽에서, 만 명이 네 오른쪽에서 엎드러지나 이
> 재앙이 네게 가까이 하지 못하리로다

죽음과 착 달라붙었던 그때의 경험은 지금까지도 내 인생에 아주 좋은 길잡이가 되고 있다. 괴롭고 견디기 힘든 일을 만나면 나는 하나님께서 11살 때 나를 데려가실 수 있었는데도 남겨두신 것은 '세상에는 이런 일도 있으니 한 번 경험해 보고 오너라' 하신 것으로 받아들인다. 인간관계로 힘들 때 나는 하나님께서 그때 나를 데려가실 수 있었는데도 남겨두신 것은 '세상에는 이런 사람도 있으니 한 번 경험해 보고 오너라' 하신 것으로 받아들인다. 이렇게 생각하다보면 나도 모르게 주어진 상황에 너그러워지고 버텨 낼 힘이 생긴다. 내게 딱히 해결책이 없어도 그냥 있다 보면 '이것 또한 지나가리라'는 말 그대로 된다. 이런 일은 내 힘이나 지혜로 되는 것이 결코 아니다.

2) 신장염

고등학교 2학년 막바지부터 몸이 이상해졌다. 몸이 자주 붓더니

소변도 참기 어려워졌다. 비교적 낙천적인 나는 크게 신경을 쓰지 않은 채 겨울방학에 서울 종로의 단과학원에 가 영어와 수학을 보충했다. 아버님이 위암으로 큰 위기에 처해 계셨기에 다른 식구들도 내게 신경을 써줄 겨를이 없었다. 3학년 새 학기가 되자 더 큰 이상이 생겼다. 온몸이 부어 걸어 다니기도 힘들었다. 3월 중순부터 학교에 갈 수 없었다. 결국 병원에서 신장염 진단을 받고 학교도 4월 중순에 휴학했다. 그래서 남들은 3년만 다니는 고등학교를 나는 4년 동안 다녔다.

내게 그 일년 동안의 생활은 단순히 학교생활의 중단만이 아니었다. 아버님은 그 해 6월에 암으로 소천하셨다. 이렇게 겹친 악재로 인해 우리 집 식구들의 일상생활은 크게 흔들렸다.

3) 부정맥

내 심장은 나란 사람을 감당하기 버거웠나 보다. 내 인생의 활동과 목표에 고용되어 마구 착취당하던(self exploited) 내 심장은 마침내 한계를 드러냈다. 그것은 부정맥으로 찾아왔다. 유학생은 유학과정에서 무엇인가 한 가지 병을 얻는다더니 나도 예외가 아니었다. 공부를 마치고 얼마 지나지 않아 부정맥이 느껴졌다.

2007년 12월 한국에 돌아와서만 시술 세 번, 전기요법 두 번을 받았다. 그럴 때마다 일상생활이 며칠 씩 중단됐다. 그 뒤 계속되는 정기검진은 내 생활의 일상 중에 하나가 되었다.

지난 1월 중순 세 번째 시술을 받은 뒤 몸이 많이 좋아졌다. 의사 선생님은 6개월 간 약을 중단하라더니 지난 9월에 다시 6개월 간 약을 먹지 않아도 된다고 했다. 8년 만에 약을 끊으니 살 것 같다. 내 이야기를 들은 어느 지인이 부러워하며 말했다. '나을 수 있는 병을 가진 것이 행복입니다.' 정말 그렇다. 치료를 받으면서도 나을 수 없는 병을 지닌 사람은 보통 사람보다 자주 일상생활의 중단을 경험해야 한다.

되돌아보니 이렇게 일상생활이 자주 중단되었어도 나는 내가 하는 일에 큰 지장을 받지 않았다. 나는 그 와중에도 내가 해야만 될 일, 하고 싶은 일을 나름대로 꾸준히 할 수 있었다.

때로는 일상생활의 중단이 내게 도움이 되기도 했다. 일상생활의 중단을 통해 나는 복잡하게 얼기설기 얽힌 나의 생활 중에 이런 저런 이유로 내려놓지 못하는 것들 중 일부를 내려놓으며 제대로 가닥을 잡을 수 있었다. 일상생활의 중단은 내 생활의 건강과 건전함을 위해 하나님께서 주신 선물이요, 필요한 과정이었다.

이런 저런 일을 겪는 내게 중국의 순자가 옛날에 했던 말이 생각났다. 그는 '복이란 평범한(재난 없는) 일상생활이 계속 이어지는 것이다(福莫長於無禍)'라고 했다.

오늘날 코로나19를 만나고 보니 이 말이 더 실감난다. 아주 당연한 일처럼 생각하여 지극히 자연스럽게 여겨졌던 일상생활이 이제 보니 결코 저절로 된 것이 아니었다. 이 모두가 우리를 사랑하시는 하나님께서 주신 크나큰 선물이었다. 주일에 교회 나와 예배드리는 일도 아주 당연하고 자연스럽게 생각해왔는데, 이제 보니 주일에 주의 성전에 나와 예배드리는 것도 하나님께서 우리에게 베풀어주신 놀라운 은혜였다.

그동안 우리는 우리의 일상생활이 자연스럽게 순환하는 것에 별로 감사를 느끼지 못했다. 평범한 것보다는 특별한 것만 갈망했던 마음과 나와 다른 사람을 비교하는 마음이 앞서다보니 그랬던 것 같다.

일상생활의 중단을 겪는 시인은 이렇게 말했다.

나는 여호와를 향하여 말하기를 그는 나의 피난처요 나의 요
새요 내가 의뢰하는 하나님이라 하리니.(시 91:2)

여기에 나오는 피난처, 요새는 다 전쟁에 쓰이는 용어다. 어느 시대나 전쟁처럼 참혹하고 처절하고 급박한 사건은 없다. 이런 뜻에서 시편 91편은 실제 전쟁 중이거나, 마치 전쟁과 같은 절박한 처지에서 일상생활을 중단하고 피난처를 찾아야만 하는 사람이 하나님께 드리는 신앙고백이다.

1~2절은 하나님이 우리의 피난처라는 사실을 다섯 가지로 다양하게 표현했다. '지존자의 은밀한 곳, 전능자의 그늘, 나의 피난처, 나의 요새, 내가 의뢰하는 하나님' 등이 그것이다. 하나님을 이렇게 고백할 때 우리에게 어떤 일이 생길까?

첫째로 사냥꾼의 올무와 심한 전염병에서 우리가 구원을

얻는다. 3절 앞부분이다.

"이는 그가 너를 새 사냥꾼의 올무에서……건지실 것임이로
다."

새 사냥꾼의 올무는 어떤 것인가? 그것에 걸리는 새는 반드시 잡
혀 죽는다. 새들은 어디에 사냥꾼의 올무가 있는지 몰라 늘 불안하
리라. 지금 이 세상에는 사람을 불안하게 하거나 죽게 만드는 코로
나19 바이러스가 창궐하고 있다. 이 전염병원체는 마치 사냥꾼의
올무처럼 우리를 두렵게 한다.

이런 사태에 즈음하여 마이크로소프트의 창업자 빌 게이츠가 새
삼 주목받고 있다. 그는 그동안 기회있을 때마다 대규모 전염병의 위
험성을 경고했다. 코로나19가 발병하기 불과 한달 전인 지난해 11월
넷플릭스가 내놓은 다큐멘터리 '다음번 팬데믹(The Next Pandemic)'에
서 그는 '새로운 전염병이 크게 유행할 수 있다'고 했다. 팬데믹은 전
세계적으로 유행하는 전염병을 가리킨다. 다큐멘터리는 바이러스가
출몰할 후보지로 중국의 수산시장을 꼽았다. 실제로 코로나19의 첫
확진자는 우한의 화난수산시장에서 일하는 노동자였다.
2017년 열린 뮌헨 안보 콘퍼런스에서 그는 '핵무기가 수백만 명
을 죽일 수 있지만, 테러리스트가 바이러스를 활용한다면 수억 명도
죽일 수 있다'고 경고했다. 그는 팬데믹을 기후변화, 핵전쟁과 함께

인류의 생존을 위협하는 3대 요인으로 손꼽았다.

이렇게 불안한 때, 하나님을 '나의 피난처요 나의 요새요, 내가 의뢰하는 하나님이라' 믿고 고백하는 사람에게 하나님은 어떤 은혜를 베푸실까? 3절 뒷부분이다.

'(이는 그가 너를……) 심한 전염병에서 건지실 것임이로다'

6절 말씀도 같은 내용이다.

어두울 때 퍼지는 전염병과 밝을 때 닥쳐오는 재앙을 두려워
하지 아니하리로다

전염병이 눈앞에 있어도, 재앙이 닥쳐와도 우리가 두려워하지 않을 이유가 어디에 있을까? 4절 말씀이 그 대답을 준다.

그가 너를 그의 깃으로 덮으시리니 네가 그의 날개 아래에 피
하리로다 그의 진실함은 방패와 손 방패가 되시나니

하나님은 모든 방법과 수단을 동원해 다양한 재앙으로부터 우리를 지키고 가정을 보호하신다는 말씀이다.

둘째로 하나님은 온갖 재앙에서 우리를 지켜주신다. 7절이다.

천 명이 네 왼쪽에서, 만 명이 네 오른쪽에서 엎드러지나 이
재앙이 네게 가까이 하지 못하리로다

어떤 치명적인 재앙이 닥쳐 다 쓰러져도 여호와를 피난처요 요새
로 고백하는 사람은 그 재앙에 삼켜지지 않는다. 9-11절 말씀이다.

9 네가 말하기를 여호와는 나의 피난처시라 하고 지존자를 너
의 거처로 삼았으므로 10 화가 네게 미치지 못하며 재앙이 네
장막에 가까이 오지 못하리니 11 그가 너를 위하여 그의 천사
들을 명령하사 네 모든 길에서 너를 지키게 하심이라

이 말씀을 암송하며 두려움과 불안을 물리치는 우리에게 하나님
께서 천사를 보내어 보호하시리라.

솔직히 말해 우리는 재앙 앞에서 참으로 무력하다. 갈수록 각종
재앙의 규모나 파괴력은 커지고 있다. 지금 코로나 19가 우리를 찾
아왔다. 우리는 그것이 어디서부터 왔는지조차 확실하게 모른다.

병원체는 점점 더 강력해지는데 비해 우리는 사고가 터진 다음에
야 비로소 허둥지둥한다. 재앙은 지진, 쓰나미, 폭염, 태풍 같은 자연
재난도 일어난다. 세월호 같은 대형사고나 화재, 폭발, 전쟁 같은 끔
찍한 인재도 있다. 이런 일이 있을 때마다 우리는 허겁지겁한다. 우
리는 누군가를 원망하고 손가락질할 뿐, 그것에 대한 건설적이고 창
조적인 대안을 세우지 못하고 있다. 우리의 위기관리 능력은 계속 한

계를 드러낸다. 유비무환(有備無患)이라 하더라도 세상에 어느 누가 어떤 정부가 모든 사고와 재난을 미연에 방지할 수 있단 말인가?

특히 사스, 메르스, 코로나19 등의 병원체는 옛날처럼 쥐나 새나 불결한 생활환경 등 자연에서 주어지는 질병이 아니다. 지금은 사람이 병원체다. 만물의 영장인 사람이 병원체가 되었다. 자기가 신이라고(homo deus) 큰소리치는 인간이 병원체로 둔갑했다. 서로 가깝게 만나고, 서로 친하게 지내고, 서로 손을 맞잡고 사는 것이 얼마나 좋은 일인가? 지나보면 사소한 일로 아옹다옹했던 시간들이 너무나 아쉬울 정도로 그 사람과 나의 만남은 귀하디 귀한 것이었다.

창조주 하나님과 그 뜻을 멀리하며 교만을 떨다가 이런 일이 생겼다. 세상과 사람을 아끼시는 하나님과 하나님께서 주시는 것보다 세상적인 것 세속적인 것을 더 좋아하다가 이런 일이 생겼다.

지금 코로나 19를 겪으면서, 앞으로 또 어떤 병원체를 겪을지 모르는 우리는 지금이라도 제자리로 돌아와야겠다. 피조물인 우리의 본분을 되찾아야 하겠다. 세상을 이처럼 사랑하사 독생자를 보내주신 하나님 앞에 낮은 자세로 겸손하게 엎드려야겠다.

하나님은 피난처라는 시 91편의 고백이 우리 자신의 고백이다. 하나님은 든든한 요새라는 믿음이 우리 믿음이다. 그러기에 우리는 오늘날 이처럼 흔들리고 불안한 세상에 살더라도 마음의 평정을 지키고, 생각과 이성의 중심을 유지하며, 몸과 생활의 안녕을 유지한다. 마태복음 4장 말씀이다.

23 예수께서 온 갈릴리에 두루 다니사 그들의 회당에서 가르치시며 천국 복음을 전파하시며 백성 중의 모든 병과 모든 약한 것을 고치시니 24 그의 소문이 온 수리아에 퍼진지라 사람들이 모든 앓는 자 곧 각종 병에 걸려서 고통당하는 자, 귀신 들린 자, 간질하는 자, 중풍병자들을 데려오니 그들을 고치시더라 25 갈릴리와 데가볼리와 예루살렘과 유대와 요단 강 건너편에서 수많은 무리가 따르니라

크고 작은 일들이 우리의 일상생활을 중단시킨다. 이런 중단은 누구에게나 해당된다. 어찌 보면 우리 평생 동안 일시적 중단이 끊임없이 계속된다. 일상의 중단 그 자체가 우리의 일상이다. 이것은 결코 이상한 일이 아니다.

우리에게는 일상이 중단되거나 변화를 겪는다는 사실보다 더 중요한 것이 있다. 그것이 무엇인가? 일상의 중단을 담담하게 그리고 자연스러운 일로 받아들이는 태도다. 그 중단과 변화 속에 묻어두신 하나님의 섭리와 목적을 헤아려 보는 것이 매우 중요하다. 그러면 그 중단과 변화를 뛰어넘어 끊어진 일상을 다시 이어갈 지혜와 힘이 생긴다. 그냥 이어가는 것이 아니라, 그 이전보다 성숙하고 느긋하게 전개해 나갈 수 있으리라.

누가 멈출 수 있는가

"2021년 6월, 코로나19 팬데믹이 시작된 지 벌써 1년 6개월째다. 속도는 느려졌지만 바이러스는 여전히 확산 중이다. 간헐적 봉쇄(이동제한)가 뉴노멀이 됐다. 백신이 승인된 지 6개월이 지났어도 공급은 지지부진하다. 전 세계 감염자 수는 얼추 2억5천만명, 사망자 수는 175만명을 넘어섰다."[10]

이것은 감염병 과학자들의 향후 코로나19 예상 시나리오 가운데 하나다. 최근 국제 과학 학술지 《네이처》가 이것을 소개했다. 참으로 소름끼치는 예측이 아닐 수 없다. 그러나 도시화 및 세계화가 진행되면 될수록 국지적 유행병(엔데믹 endemic)이 전 세계적 유행병(팬데믹 pandemic)으로 바뀌는 것은 피할 수 없는 현상이리라.

영국 국가안보전략위원회의 과학 고문인 의사이자 과학자 패트

---

10) 한겨레신문 (2020-08-09) http://www.hani.co.kr/arti/science/science general/957009.html#csidx 1a04c5b7e7e8ab9b8939c80a4ad4750

릭 발란스는 이번 코로나19는 백신이 개발되더라도 종식보다는 엔데믹(endemic)으로 이어질 가능성이 높아 보인다고 전망했다. 엔데믹이란 감염병이 주기적으로 유행하는 현상을 의미한다. 즉, 코로나19 바이러스는 앞으로도 일부 지역에서 우리 주변을 맴도는 풍토병과 비슷한 형태로 존재할 것으로 보인다는 전망이다. 세계보건기구도 지난 5월 코로나19 바이러스가 사라지지 않을 가능성을 제기했다.[11]

로이터 통신에 따르면 빌 게이츠는 지난 10월 6일 코로나19 백신이 효험이 있고 대규모로 빠르게 준비돼 적절히 분배되면 '2021년에는 전 세계적으로 코로나19가 감소할 것이며, 2022년에는 종식될 것'이라고 전망했다. 그는 아울러 코로나19 대처 과정에서 보건과 경제 사이에서 균형을 잘 잡은 나라로 한국과 호주를 꼽았다.

만일 그렇다면 우리는 지금 멈추어야 할 것은 코로나19 바이러스보다 먼저 우리 각 사람이라는 사실을 깨달아야 할 것이다. 우리는 그동안 100세 시대라며 마치 죽음이 우리와 멀리 떨어진 것으로 치부해왔다. 사람들 대부분이 그것을 '나' 아닌 다른 사람 이야기로 여기곤 했다. 그런 우리에게 갑자기 코로나19가 찾아왔다. 이제 죽음은 나와 내 가족, 내 이웃의 일로 다시 자리 잡았다.[12] 영국 수상 존슨의

---

11) https://news.v.daum.net/v/20201023110622155
12) 시인 T. S. 엘리엇은 시 "텅빈 사람들"에서 '이것이 세상이 끝나는 방식이라네. 굉음을 내는 대신에 흐느낌으로.'(This is the way the world ends. Not with a bang but a whimper)라고 읊었다.

'사랑하는 이와의 사별을 각오해야 한다'는 말 – 비록 엄청난 비난을 받았더라도 – 이 지금은 그리 낯설지만은 않다.

코로나19에 대처하는 방법들 중에 하나로 '잠시 멈춤' 또는 '자가 격리'가 제안되었다. 이 바이러스가 사람 몸에서 나오는 비말을 통해 전염될 수 있다는 점에서 이런 방법은 효과적인 대안 가운데 하나일 수 있다.

사람들은 '집콕'하며 자가 조리(홈쿡)하고, 홈트레이닝 하면서 홈캉스하는 등 집안에서 다양한 여가 활동을 하며 전염병의 공포로부터 몸과 마음을 지키려 한다.

이것에도 빛과 그림자가 있다. 그 부작용도 만만치 않다는 이야기다. 일상은 금세 무료해지고, 생각에 생각이 꼬리를 물고 일어나는 마음속에 우울한 그림자가 드리워지기 쉽다. 이럴 때 자칫 집착과 금단이 찾아온다.[13]

실제로 중독예방 다학제 연구 네트워크인 '중독포럼'은 한국리서치에 의뢰해 전국 성인 남녀 1,017명을 대상으로 '사회적 거리두기' 이후 중독과 정신건강 문제에 대한 실태를 조사해 발표했다. 조사결과, 음주 흡연은 다소 감소한데 비해 도박 포르노 스마트폰 온라인게임 등 행위중독 관련 행동은 전반적으로 증가한 것으로 나타났다. 온라인 게임 이용은 코로나19 사태 이전에 비해 24.4%가 늘었고 스마트폰 이용은 44.3%가 늘었다.

---

13) 동일하거나 비슷한 행동의 양과 횟수는 더 늘려야만 하는 게 집착이고, 그것을 줄이거나 끊으면 심리 신체적으로 불편함을 견디지 못하는 게 금단이다.

특히 이 기간 동안 응답자의 절반 가까이가 우울·불안·불면 증상을 겪었다고 호소했다. 이들의 경우 정상에 비해 온라인 게임이나 스마트폰 이용, 성인용 콘텐츠(포르노) 시청 등이 더욱 증가한 것으로 나타났다. 우리는 코로나19를 기화로 점점 더 포노 사피엔스(phono sapiens)로 되는 경향이 있다. 우리는 자칫 스마트 폰을 신체의 일부처럼 사용하는 것을 넘어서 우리 신체의 어떤 지체보다도 더 많이 사용하기 쉽다.

뿐만 아니라 코로나19 사태 이후 온라인 불법 경륜 경정 사이트 신고건수가 늘고, '코로나19 확진자수 맞추기', 'TV 시청률 맞추기' 등 기상천외한 불법 도박 사이트도 횡행하고 있다. 특히 스마트폰 이용이 확대되면서 중독 취약층인 청소년과 어린이들의 도박 중독도 확산되는 것은 심각한 일이다.

이것은 언택트(비대면)가 우울·불안 등을 악화시키며, 디지털미디어의 과도한 사용으로 중독 등 정신행동 건강에 악영향을 끼치는 것을 보여준다.[14] 이런 뜻에서 '잠시 멈춤'이라는 중립적인 용어나 '자가 격리'라는 부정적 표현보다는 '격리 중 자기돌봄'(self-caring during quarantine)이라는 적극적인 자세가 필요하리라.[15]

아래 상자 글은 지인에게서 카톡으로 전달받은 내용이다. 자가 격리 및 잠깐 멈추는 기간을 자기 돌봄의 시간으로 적극 받아들여

14) 코리아헬스로그 2020-07-20 http://www.koreahealthlog.com/news/articleView.html?idxno=23977
15) '격리 중 자기돌봄'이란 말은 강철, "코로나19 팬데믹 상황에서 메시지는 어떻게 소통되어야 하는가", 철학 143(2020. 5) 87-109에서 따 왔다.

L.O.C.K.D.O.W.N.
자가격리의 시간은

Listen to God's voice and reflect. let go and Let God.

주님 음성에 귀 기울이고, 자신을 돌아보며 주님께 모든 것을 맡기는 시간.

Obey His Word and His teaching.

주님 말씀과 가르침에 순종하는 시간.

Call on Jesus' name and be Calm.

예수님 이름을 부르며 평온을 되찾는 시간

Know that God has a purpose for all of this.

이 모든 것 가운데 하나님께서 허락하시는 뜻이 있음을 아는 시간.

Dwell in His presence. Do not panic.

주님의 임재 가운데 머무는 시간. 공포에 사로잡히지 말라.

Offer a prayer for everyone's safety.

모든 이를 안전히 지켜주시기를 기도드리는 시간.

Wait on the Lord and be patient. This too shall pass.

잠잠히 주님을 기다리며 인내하는 시간. 이 또한 지나가리라.

Nurture our personal relationship with God.

하나님과 인격적인 관계를 키워가는 시간.

마음과 영혼을 성숙시키는 기회로 활용한다면 얼마나 좋을까?[16]

여호와께서 이 백성에 대하여 이와 같이 말씀하시되 그들이
어그러진 길을 사랑하여 그들의 발을 멈추지 아니하므로 여호
와께서 그들을 받지 아니하고 이제 그들의 죄를 기억하시고
그 죄를 벌하시리라 하시고 (렘 14:10)

여기서 어그러진 길을 사랑하다는 말(아하부 라구아 라글레헴 = 그
들은 자기들의 발들로 떠돌아다니기를 탐닉했다)은 목적의식이나 방향감
각 없이 제 마음 내키는 대로 발걸음을 옮기며 떠돌아다니는 것을
가리킨다.(창 4:12; 민 32:13; 삼하 15:20; 렘 4:10; 시 109:10; 욥 28:4; 애

---

16) 노자 도덕경 44장에 '知止止止 知足不辱 知止不殆 可以長久(지지지지 지족불욕 지지불태 가이장구)'
라는 말이 나온다. '만족함을 알면 욕됨이 없고 멈춤을 알면 위태함이 없어 가히 오래갈 수 있다'
는 뜻이다.
주역 건괘(乾卦) 문언전(文言傳)에는 지지지지(知至至之)가 나온다. '知至至之 可與幾也 知終終之
可與存義(지지지지 가여기야 지종종지 가여존의)', 이를 줄을 알고 이르니 더불어 기미(幾微)를 알 수
있고, 마칠 줄을 알고 마치니 더불어 의리를 보존할 수 있다는 말이다. 그 뒤에 '그러므로 (君子는)
윗자리에 있어도 교만하지 않고 아랫자리에 있어도 근심하지 않는 것이다'라는 말이 이어진다.
보통 '지지지지 지종지지(知至至之 知終終之)'라고 줄여서 쓴다.
홍길주(洪吉周, 1786-1841)는 "지지당설"(止止堂說)에서 "험한 곳을 만나 멈추는 것은 보통 사람도 할
수 있다.(遇險而止, 凡夫能之) 순탄한 곳을 만나 멈추는 것은 지혜로운 자가 아니면 불가능하다.(遇
順而止, 非智者不能) 그대는 위험한 곳을 만나 멈췄는가?(予其遇險而止歟) 아니면 순탄한 곳을 만나
멈췄는가?(抑能遇順而止歟) 뜻을 잃고 멈추는 것은 누구나 할 수 있지만 뜻을 얻고 멈추는 것은
군자만이 할 수 있다.(失意而止, 衆人能之, 得意而止, 唯君子能焉) 그대는 뜻을 얻고 멈췄는가? 아니면
뜻을 잃은 후에 멈췄는가?(予其得意而止歟 抑亦失意而後止歟)'라고 했다.
"정지의 힘"이란 시에서 백무산 시인은 '씨앗처럼 정지하라, 꽃은 멈춤의 힘으로 피어난다'고
읊었다.

4:14) 멈추다는 말(카샤크   ak)은 '되물리다, 물러서다, 절제하다, 조절하다, 멈추다, 멈추어서다'라는 뜻이다. 여기서는 마땅히 중단해야 할 것을 멈추지 않은 행위가 심판의 대상으로 떠올랐다.

코로나19로 인한 잠깐 멈추기는 크게 두 가지 의미다. 하나는 비말을 다른 사람에게 퍼뜨리지 않으려고, 또 다른 사람의 비말을 받아들이지 않으려고 만남이나 모임 등을 중지하라는 것이다.(몸의 건강) 다른 한편 이것은 사회 경제 활동으로 더 많이 소유하고 더 높이 쌓으며 더 편리하게 살고자 했던 이기심과 탐욕을 버리라는 것이다.(마음과 영혼의 건강)

당나라 시인 백거이(772-846)는 〈불출문〉(不出門 밖으로 나가지 않으며)이란 시에서 자가격리의 유익을 이렇게 노래했다.[17]

문밖으로 나가지 않은 또 수십 일
무엇으로 소일하며 누구와 벗할까
새장 열어 학 보니 군자 만난 듯
책 펼쳐 읽으니 성인 뵙는 듯

제 마음 고요히 하면 더 오래 살고

---

17) 不出門來又數旬 불출문래우수순; 將何銷日與誰親 장하소일여수친; 鶴籠開處見君子 학롱개처견군자; 書卷展時逢古人 서권전시봉고인; 自靜其心延壽命 자정기심연수명; 無求於物長精神 무구어물장정신; 能行便是眞修道 능행편시진수도; 何必降魔調伏身 하필강마조복신

물질에서 구하지 않으면 정신력 강해진다
이렇게 하는 게 진정한 수양이니
어찌 마귀 이겨야만 육신 다스려지랴

　잠깐 멈추기(자가격리)에서 가장 큰 문제는 타인과 떨어져 있다는 사실이 아니다. 그것은 누군가와 접촉하고 소통하며 가까이 있고자 하는 욕구로 인해 자기 혼자만 있는 시간과 장소의 소중함과 가치를 놓치는 데 있다. 세상에서의 삶을 잠깐 멈추고 하나님과 함께 고독한 경지에 들어가는 것은 기독교적인 영성 형성에 아주 중요한 과정이다. 고독과 침묵은 기독교 영성훈련에서 반드시 필요한 기본 요소다.
　우리가 지금 멈추는 것들을 살펴보면 다음과 같이 분류된다. i) 말 그대로 코로나19가 창궐하는 동안에만 잠시 멈출 것, ii) 코로나19에 관계없이 앞으로도 꾸준히 절제할 것 iii) 지구촌에 사는 인류와 피조물들의 지속적인 보전을 위해 조속한 시일 안에 조속히 끊어 버릴 것 등이 그것이다. 이러한 것들의 구체적인 내용을 각 개인, 사회, 국가가 심사숙고해서 결정해야 하리라.

코로나 우울증(corona blue)

코로나19에 감염되지 않았더라도 그로 인하여 마음의 병이 우리에게 생길 수 있다. 이에 윤태호 중앙사고수습본부 방역총괄반장은 9월 7일 "코로나19 장기화로 국민에게 여러 가지 정신 건강상 문제가 발생하고 있고, 이를 통칭해 '코로나 우울'이라고 명명하는 것이 조금 더 바람직할 것 같다"고 밝혔다. 재난 충격으로 나타날 수 있는 증상은 다음과 같다.[18]

정서적 문제	신체적 문제	인지적 문제	행동장애	영적 문제

• 불안
• 우울
• 불안한 정서
• 예민, 짜증
• 죄책감,
  수치심
• 무감각
• 좌절에 대한 내성
  부족
• 자아도취,
  지나친 자신감
• 생존자들에 대한
  동일 시
	• 불면, 악몽
	• 통증(두통, 복통, 근
	  골격계 등)
	• 식욕변화, 소화불량
	• 감기, 감염 등 면역
	  력 저하
	• 만성피로
	• 눈가, 입가의 근육
	  떨림
	• 생리주기 변화
	• 체중변화
	• 탈모
		• 기억력 감소
		• 사고의 속도와 이
		  해 저하
		• 우선순위, 의사결
		  정의 어려움
		• 반복된 외상 사건
		  기억
		• 새로운 생각에 대
		  한 저항
		• 의사결정의 어려
		  움, 경직된 사고,
		  집중력 부족
			• 외상 사건을 연상
			  시키는 상황 회피
			• 위축된 대인관계
			• 활동 감소
			• 알코올, 약물 사
			  용 증가
			• 잦은 지각, 업무
			  회피
			• 분노 폭발, 잦은
			  다툼
				• 자신감 상실
				• 의미 상실, 회의
				• 소외감
				• 가치관 변화

---

18) https://nct.go.kr/distMental/understand/understand02_1_1.do

각종 통계에 따르면 9개월 이상 계속되는 코로나19 와중에 우리 국민 중 60%를 훌쩍 넘는 사람이 실제로 우울감을 경험하는 것으로 나타나 있다.

우울증이란 쉽게 말하자면 '맛이 없어지는 것'이다. 잠 맛이 없어져 자지 못하고, 입맛이 없어져 먹기 싫어진다. 움직이는 맛, 활동하는 재미도 없어진다. 그러다보니 인생의 맛(즐거움) 사는 맛(삶의 목표 또는 목적)도 사라진다.

코로나 블루는 코로나19와 우울감(blue)을 합친 말이다. 이는 코로나19 확산으로 일상에 큰 변화가 닥치면서 생긴 우울감이나 무기력증을 가리킨다. 물론 이것은 정확한 의학용어가 아니다. 정신의학에서 포스트파툼 블루(Postpartum Blue)라는 용어를 사용한다. 이것은 산모가 출산 이후 경험하게 되는 우울 기분을 지칭하는 말이다. 이번 코로나19 상황에서 코로나 블루라는 용어가 만들어졌다. 이것은 신조어다.

2020년 상반기 동안 20대 우울증 진료 건수는 한겨레신문에 따르면 9만3455건이다. 이는 전년도(7만2829건)에 비해 28.3% 늘었다. 30대 우울증 진료 건수도 지난해 6만7394건에서 올해 7만7316건(14.7%)으로 늘었다.[19] 10월 6일 식품의약품안전처 자료에 따르면 올해 항불안제 처방 환자는 월평균 89만명이다. 이는 지난해 71만명에 비해 25% 이상 증가한 것이다.

---

19) http://www.hani.co.kr/arti/society/society_general/961983.html

미국 보스턴대 공중보건대학원, 브라운대 공중보건대학원 등 공동연구팀은 코로나19가 18세 이상 성인의 정신건강에 미치는 영향을 조사해 그 결과를 '미국의사협회지(JAMA) 네트워크 오픈' 9월 2일자에 발표했다. 그에 따르면 코로나19 유행 이전과 비교해 유행 이후에 무기력, 의욕 저하 등을 경험한 비율이 8.5%에서 약 28%까지 3배 이상 증가했다.

10월 14일 갤럽 조사에 따르면 코로나 블루를 경험했다고 하는 사람들이 손꼽는 원인은 다음과 같다: 외출 및 모임 자제에 따른 사회적 고립감(32.1%) 감염 확산에 따른 건강 염려(30.7%) 취업 및 일자리 유지의 어려움(14%) 신체활동 부족으로 인한 체중증가(13.3%).

코로나19가 시작된 오래 되었는데도 나아지거나 호전된다는 소식이 들리는 대신에 연일 조심하라고 하거나 대규모 감염 사태가 다시 발생했다는 등 불길한 소식이 이어지면 불안감도 커지는 것이다. 코로나가 끝나리라 기대했다가 상황이 호전되지 않거나 악화되는 등으로 인한 실망이 반복되면 무기력해진다. 그 무기력감을 내적으로 받아들이면 우울증이, 외적으로 표출하면 분노로 드러난다. 이것은 크게 네 가지로 나눌 수 있다.

첫째로 자신이나 가족이 감염되지 않을까 하는 불안이다.

감염된 사람의 약 80%가 경증이나 무증상으로 별 탈 없이 지나간다는데도 우리는 어떤 사람이 중증으로 되는지 알지 못한다. 실제 사망자도 무시할 수 없는 숫자를 기록하고 있다. 이것이 우리를 불안하게 한다.

거의 매일, 새로운 지역을 갈 때마다 새롭게 발송되는 경고 문자와 코로나19와 관련한 뉴스는 작은 기침이나 재채기도 '내가 코로나 바이러스에 감염된 것은 아닐까' 하는 건강염려증을 일으킨다. 이것은 코로나19 같은 감염병이 돌 때 나타나기 쉬운 정신질환 중 하나다. 이는 실제 병에 걸리지 않았고 증상도 나타나지 않았는데도 병에 걸렸을까봐 또는 걸릴까봐 지나치게 걱정하는 병이다. 이것이 심해지면 불안, 불면, 기침하는 사람을 피하거나 주위 사람들이 병을 옮길지 모른다는 염려, 내가 감염되면 격리되거나 비난받을까 하는 걱정, 실제 격리되면서 겪는 우울함, 답답함 등 다양한 증상이 나타난다.

감염자들을 여러 달 동안 하루 종일 치료하는 의료진은 외상 후 스트레스 장애의 일종인 '대리 외상 증후군'에 빠질 위험도 있다. 이것은 자기가 직접 병에 걸리지 않았어도 피해자들을 지속적으로 관찰하면서 받은 스트레스가 원인이다. 국립중앙의료원 정신건강의학과와 서울의료원 정신건강의학과 공동 연구팀은 메르스 당시 의료진들이 직접 감염되지 않아도 우울증(26.6%)과 외상 후 스트레스 장애(7.8%)를 겪을 위험이 크다는 연구 결과를 2017년 〈대한신경정신의학회지〉에 발표했다.

둘째로 사회적 경제적 일상의 혼돈과 중단에서 오는 불안이다.

우리가 그동안 자연스럽고도 당연한 것으로 받아들이던 일상들이 여기저기서 멈추었다. 학생은 학교에 등교하지 못하고, 직장인은 재택근무를 하며 실직 하는 사람도 늘어나고 있다. 자영업자들은 이전에 비해 반 토막 이하로 떨어진 매출량에 비명을 지르고 있다.

셋째로 불안은 뉴스나 신문, 인터넷에 나오는 소식에서 온다.

요즘 매스미디어에 인터넷과 개인 카톡에는 코로나19와 관련된 나쁜 뉴스들이 과도하게 전달되고 있다.

넷째로 코로나에 관한 가짜 뉴스도 많다.

재난상황에서 사람은 가짜뉴스에 더 취약할 수밖에 없다. 이럴 때는 작은 자극에도 위험을 크게 느끼고 부정적인 예상을 하게 될 확률이 높다. 평소 같으면 무시하고 믿지 않을 가짜 뉴스를 믿고 행동하게 될 가능성이 커진다.

보통 사람은 자기가 받은 주의 사항이나 처방을 따라야할지 말아야할지 갈피를 잡기 어렵다. 따르자 해도 불안하고 무시하자 해도 불안한 것이다.

우리나라에는 정신적인 치료를 받아야 하는데도 받지 않는 잠재 환자(우울과 불안 등의 증상이 있는 환자)가 병원에서 치료를 받는 환자의 7~10배 많으리라 추측된다. 코로나 블루의 경우 불안하더라도 대놓고 이야기하기 어려운 데다 밖으로 나가서 스트레스를 해소하는 사회적 분위기가 아니다 보니 평소보다 증상을 극복하기가 더 어렵다.

이것은 코로나19 바이러스에 대한 물리적 방역뿐만 아니라 '심리적 방역'도 필요하다는 것을 보여준다. 코로나19는 사회 구조와 생활 방식을 완전히 바꾸리라고 예측하는 사람들이 많다. 변화에 관한 이런 예측과 가능성 자체가 우리에게 스트레스로 느껴질 수 있다. 이는 1) 그 변화를 따라잡지 못한다면 사회부적응자 내지 탈락자가 되리라는 것과 2) 그 변화는 지금까지 우리가 알거나 상상하는 방식을 뛰어넘는 것일 수도 있기 때문이다.

코로나 블루는 누구나 겪을 수 있다. 그리고 누구나 충분히 극복할 수 있다. 그 방안은 다음과 같다.

i) 조심을 하되 과도한 두려움을 갖지 않기

'바꿀 수 없는 일을 받아들이는 평화, 바꿀 수 있는 일을 바꾸는 용기, 그리고 그 둘을 구분할 수 있는 지혜'가 코로나 블루에도 필요하다. 줄일 수 있는 피해와 스트레스는 줄여야하더라도 우리는 어쩔 수 없는 이 상황을 긍정적인 자세로 받아들여야 한다. 불가피하게 받아들일 수밖에 없는 일상의 변화를 받아들이고 적응하자는 말이다. 감염에 대한 불안과 걱정도 정상적인 감정이다. 이런 것이 있다는 사실에 지나치게 민감하지 않아야 한다.

뉴스 또는 SNS를 통해 무차별하게 유포되는 정보에 불필요한 불안과 스트레스를 받기보다 보건복지부, 질병관리청 등 공신력 있는 기관에서 발표하는 정보를 신뢰하며 차분한 마음가짐을 갖는다.

생각을 바꾸는 연습이 필요하다. 우리는 종종 필요 이상으로 걱정을 한다. 어니 젤린스키의 〈느리게 사는 즐거움〉에 이런 말이 나온다. "우리가 하는 걱정거리의 40%는 절대 일어나지 않을 사건들에 대한 것이고 30%는 이미 일어난 사건들, 22%는 사소한 사건들, 4%는 우리가 바꿀 수 없는 사건들에 대한 것들이다. 나머지 4%만이 우리가 대처할 수 있는 진짜 사건이다. 즉 96%의 걱정거리가 쓸데없는 것이다."

우리가 마음이 불안하거나 우울하거나 분노할 때 우리의 마음을 들여다보아야 한다. 자신이 무슨 생각을 하고 있는지 살펴보아야 한다. 그 생각을 찾았다면 그 생각이 과연 합리적인 생각인지, 정말 일어날 수 있는 일인지, 최악의 경우를 생각한 것은 아닌지, 이분법적으로 생각하는 것은 아닌지 다시 한 번 생각하고 좀더 합리적이고 객관적인 생각으로 바꾸어야 한다.

ii) 규칙적인 생활

코로나 블루를 예방 및 극복하려면 규칙적인 수면과 기상 시간 등 일상생활 리듬을 유지하는 것이 매우 중요하다. 손 씻기나 코와 입에 손대지 않기 등 감염을 피하기 위한 개인 방역 수칙을 지키는 것도 심리적 안정에 어느 정도 도움이 된다.

집안이나 제한된 공간에 갇혀 지내면서도 무엇인가 구체적인 목표를 설정하고 이를 실천하기 위해 노력하는 것이 우울감 해결에 좋은 방법이다. 이를 테면 외국어를 공부하거나 자격증 취득을 위해

세부적인 계획을 세우고 준비하는 일 등은 구체적인 목표를 세울 수 있어 좋은 방법이 될 수 있다. 시간표를 만들어 좀 더 체계적이고 바쁘게 생활하면 코로나 블루 예방에 더 효과적이다.

iii) 몸이 떨어져 있더라도 마음의 거리를 가깝게

지금은 밥 잘 챙겨 먹으라던 안부 인사도 '코로나 걸리지 않게 조심해라'로 다음에 밥 한번 먹자는 말이 '코로나 끝나면 보자'로 바뀌었다. 코로나19로 인해 생겨난 불안함과 우울감에도 '백지장도 맞들면 낫다'는 말이 여전히 유용하다. 일상의 제약에 따른 어려움이 있더라도 가족과 이웃과 동료, 사회 구성원은 그 무거운 짐을 함께 나눠 드는 사람이라 신뢰하자.

안전 거리두기(생활 속 거리두기)가 시행될 때 몸은 멀어져도 마음은 더 가까워 질 수 있도록 노력하는 것이 필요하다. 가까운 사람들에게 전화, 문자, 화상통화 등을 통해 서로 근황을 공유하여 지속적으로 교류함으로써 사회적 연결감을 유지하자.

그리고 가까운 사람과 가까운 공원이나 뒷산 등을 오르며 산책하는 것도 우울감을 해소하는 것에 도움이 된다. 외출하는 것이 걱정된다면 집에서 복식호흡, 명상, 홈트레이닝(홈트) 등을 하는 것도 좋다.

iv) 코로나 19에 취약한 분들 돌아보기

코로나 19에 특히 취약한 어린 자녀들과 어르신들에 대한 관심도 중요하다. 정보 접근성이 떨어지는 소외계층은 위기상황에 더욱 취약할 수밖에 없다. 주변에 이런 분들이 있다면 주기적으로 안부 전화를 주고받으며, 그들의 불안한 몸과 마음을 보듬어주는 것이 좋다.

v) 취미 생활 갖기

실내에서 오랜 시간을 생활하다보면 우울감은 찾아오기 마련이다. 이에 심리적 안정감을 줄 수 있는 취미 생활을 갖는 것이 좋다. 예를 들면 실내 텃밭 채소 식물 키우기다. 이것은 수확의 재미까지 더해져 심리적 안정감을 배로 가져다 줄 수 있다.

vi) 유익하게 집콕하는 방법을 찾아내기

가족과 좋은 시간 갖기가 필요하다. 사회활동이 줄어드니 자신을 돌아보거나 가족들과 보내는 여유 시간이 늘어나는 좋은 점도 있다. 그러나 생활주기가 평소와 다르게 바뀌는 것은 스트레스로 작용하기에 주의가 필요하다. 틈틈이 운동하기도 중요하다.

vii) 정신건강전문가 도움받기

만일 우울감이 심해지면서 가슴 답답함, 어지럼, 이명, 소화불량 등이 나타나 일상생활을 유지하기가 어렵고, 술이나 약물 등 사용이 늘어났다면 전문가에게 도움을 받는다. 자신의 감정과 스트레스에 대해서 이야기를 하는 것만으로도 증상 감소의 효과가 있다.

viii) 약품 복용

만일 그 증세가 자신이 조절하기 어려울 정도로 크다면, 약물 치료가 효과적이다. 선택적 세로토닌 재흡수 차단제는 현재 가장 많이 쓰는 항우울제로 항우울, 항불안, 항충동 작용을 한다. 이런 것들은 우울감, 불안감, 짜증, 분노, 좌절 등에 효과적으로 작용할 수가 있다. 또한 이전에 많이 쓰던 삼환계 항우울제 보다 부작용이 적기 때문에 부담이 적다. 선택적 세로토닌 재흡수 차단제로는 설트랄린, 에스시탈로프람, 파로세틴, 플루오세틴 등을 들 수 있다. 적응장애와 같은 가벼운 스트레스성 장애에는 소량만으로도 효과가 있을 수 있고 우울증, 불안장애에도 역시 효과적이다.

정부는 재난 및 이에 준하는 사고로 정신적 충격을 받은 사람을 심리적으로 지원하는 국가트라우마센터를 운영하고 있다.[20] 코로나19로 인해 직간접적인 트라우마를 얻을 경우 이런 기관의 도움을 받는 것도 필요하다. 거기서는 재난 경험자를 다음과 같이 5단계로 구분하여 시의적절한 치료를 하고자 한다.

---

20) https://www.nct.go.kr/

	구분	정의
1차	재난 피해자	재난으로 인해 직접적인 충격이나 손상을 받은 사람
2차	재난 피해자와의 친구, 가족, 동료 등	1차 피해자의 가족이나 친인척, 가까운 지인
3차	재난 지원인력	재난 상황에 참여했던 재난업무종사자들로 구조 및 복구작업에 참여한 소방관, 경찰관, 응급대원, 의사, 간호사, 사회복지사, 상담가, 성직자 등
4차	지역사회	재난이 일어난 지역사회에 거주하는 주민
5차	전국민	매스컴이나 대중매체를 통하여 간접적인 심리적 스트레스를 겪는 사람

　　우리는 당분간 코로나19와 함께, 그리고 코로나 우울증과 함께 살아내야 한다. 이 과정에서 자칫 멘탈데믹(mentaldemic)에 빠질 수가 있다.[21] 그러니 맘 단단히 먹고 위와 같은 것을 실천해야 하리라. 직장이든 집안이든 우리가 있는 곳에서 최선을 다하며, 무엇인가를 향한 목적의식을 잃지 않는다면 코로나 블루와 같은 증상은 잠깐 머물다 가는 나그네 같을 것이다.

---

21) 멘탈데믹은 정신이란 뜻의 mental과 유행병을 가리키는 epidemic이 합쳐진 것이다. 이는 개인의 정신적 트라우마가 사회 전체에 전염병처럼 퍼지는 상황을 의미한다.

언택트와 온택트 및 뉴택트

모세는 늘 하나님의 존재감을 느끼며 살았다. 그분과 대화하면서도 그는 하나님을 눈으로 볼 수 없었다. 그러던 어느 날 그가 말씀드렸다. '주의 영광을 내게 보이소서'(출 33:18) 이에 하나님은 '네가 내 얼굴을 보지 못하리니 나를 보고 살 자가 없음이니라'(출 33:20)라고 대답하셨다. 그러서도 모세의 간절한 마음을 아시는 하나님은 말씀하셨다.

21 여호와께서 또 이르시기를 보라 내 곁에 한 장소가 있으니 너는 그 반석 위에 서라
22 내 영광이 지나갈 때에 내가 너를 반석 틈에 두고 내가 지나도록 내 손으로 너를 덮었다가
23 손을 거두리니 네가 내 등을 볼 것이요 얼굴은 보지 못하리라(출 33:21-23)

그 옛날 일어난 이 일이 오늘날 우리가 겪을 언택트 시대의 그림자였을까?

'나를 붙들지 말라.'(표준새번역-'내게 손을 대지 말아라' 요 20:17) 이는 부활하신 예수님이 막달라 마리아에게 하신 말씀이다. 코로나19 시대에 사는 우리는 우리 손으로 이웃과 접촉하기 어렵다. 그렇더라도 '사람은 사회적 동물'이니 타인과 만나지 못하고 접촉하지 못하면 사는 게 아니다. 우리는, 비록 잠시 동안 손을 잡는 인사와 교류를 하지 못하더라도, 내면과 정신의 접촉은 계속 이어가야 한다. 그 과정에서 우리는 평소 가까이 지내던 사람들과 신체적 거리를 멀리하면서 오히려 우리 자신과 그들의 소중함을 제대로 느낄 수 있으리라. 코로나19는 우리에게서 이것을 결코 빼앗아갈 수 없다.

언택트(untact)란 접촉을 뜻하는 contact + 부정의 의미 un의 합성어다. 비대면 비접촉을 가리키는 것으로 컨택트리스(contactless)란 말이 이미 있는데도, 그 대신 이것이 새로 만들어졌다. 처음 이 낱말이 쓰일 때에는 한국식 영어(콩글리쉬)라는 비판도 있었다. 지금은 세계적인 경제정보지《블룸버그》 프랑스 유력 언론《르몽드》도 이것을 쓰고 있다.

신조어를 만든 것은 아마 컨택트리스라는 말에 담겨지지 않은 다른 의미를 담고 싶었기 때문이리라. 무조건 단절하자는 것이 아니라, 어떤 것을 피하고 줄여도 아무 지장이 없게 만드는 것이 언택트 기술이자 서비스의 방향이다. 이것은 접촉 교류를 줄이자는 것이

아니라, 그 반대로 어떻게 그것을 확장시키느냐에 관심이 있다.[22]

이 개념은 김난도 교수(서울대학교 생활과학대학 소비자학과) 등 8명이 공동집필한 《트렌드 코리아 2018》에 쓰였다.(2017년 10월 발간) 언택트 기술이란 제목 아래 소비자들이 기술에 익숙해지고, 나아가 사람들을 직접 대면하지 않고 기계와 일을 처리하는 것에 편안함을 갖는 현상이 생겨난다는 것이다. 이것은 코로나19로 인해 마케팅(소비) 분야만이 아니라 인간사회의 여러 영역에 빠르게 적용되고 있다.

코로나19가 앞당긴 커다란 변화 중에 하나는 일상에서 서로 만나는 일이 크게 줄어드는 현상이다. 이에 비대면이 새로운 일상으로 아주 빠르게 자리 잡아 가고 있다. 이는 특히 상거래(온라인 쇼핑) 분야에서 두드러진다. 이 분야는 코로나19로 인해 무엇인가가 앞당겨진 곳 가운데 대표적인 것들 가운데 하나다.

이에 따른 부작용도 있다. 언택트 디바이드(untact divide)라는 정보격차가 바로 그것이다. 이것은 비교적 온라인 소비와 IT기술 활용에 익숙하지 않은 고령층이나 장애인을 소외시키는 현상으로 나타난다. 보통 사람의 경우에도 기계치라고 할 정도로 기기를 다루는 데 느린 사람도 있다.

온라인 뱅킹, GPS를 이용한 자율주행시스템, 온라인 쇼핑과 온

22) 김용섭, 언컨택트, 퍼블리온, 2020. 61

라인 교육, 공업 및 농업 생산의 스마트화, 인공지능을 통한 신문기사 작성이나 법률 및 회계 서비스 등은 코로나19와는 관계없이 그 이전에 이미 시작된 것이었다. 이런 것들은 면대면 산업의 붕괴와 대량 실업을 낳을 수도 있다. 그 결과 제러미 리프킨이 예측하듯이 전체 성인 인구의 5%만 고용되는 탈 노동 사회가 도래할지도 모른다. 만약 포스트 코로나 시대에 탈 노동 사회가 도래한다면, 그 과정에서 대량 실업으로 생계가 망막해질 사람들이 많아질 것이다. 이로써 전 국민 기본소득제의 도입 등 사회적 안전망의 구축이 절실해지리라.[23]

다른 한편 온택트(ontact) 방식도 새로 생겨났다. 예를 들면 코로나19로 인해 대중문화 및 예술공연이 타격을 입으면서 온라인 공연이 시작된 것이다. 이것은 관객없이 진행되는 공연을 온라인으로 연결하여 문화소비자와 만나는 새로운 방법이다. 이것은 과거 홈쇼핑이나 인터넷 주문 같은 일방적인 판매 소비 양식을 지양하고 유튜브 등 커뮤니케이션 플렛폼으로 판매자와 소비자가 소통하면서 거래하는 방법이다.

기독교의 신앙 행위는 대면과 비대면 및 접촉과 비접촉의 상호작용으로 이루어진다.

---

23) 문성훈, "언택트 사회라는 속임수" http://www.unipress.co.kr/news/articleView.html?idxno=1724

사람이 자기의 친구와 이야기함 같이 여호와께서는 모세와 대
면하여 말씀하시며……(출 33:11)
…… 모세는 여호와께서 대면하여 아시던 자요(신 34:10)
철이 철을 날카롭게 하는 것 같이 사람이 그의 친구의 얼굴을
빛나게 하느니라(잠 27:17)
예수께서 마리아에게 말씀하셨다. "내게 손을 대지 말아라.
내가 아직 아버지께로 올라가지 않았다……(요 20:17)
속히 보기를 바라노니 또한 우리가 대면하여 말하리라(요삼
1:14)

언택트는 참 편리하고 시간과 노력을 절약하는 방법이다. 그러나
이것은 자칫 '인간은 사회적 동물'이라는 말에 정면으로 거스를 수
있다. 이것은 인간의 본성에 어울리지 않는다. 비대면 비접촉 언택
트가 아무리 편리하고 효과적이라 해도, 그것들은 사람끼리의 대면
접촉 교류와 조화 균형을 이룰 때에만 부작용을 일으키지 않는다.
과잉연결 과잉소통은 과잉 단절만큼이나 사람을 지치게 한다.

칼릴 지브란(Kahlil Gibran, 1883~1931)은 '함께 있되 거리를 두라.
그래서 하늘 바람이 너희 사이에서 춤추게 하라. 서로 사랑하라. 그
러나 사랑으로 구속하지는 말라. 그보다 너희 혼과 혼의 두 언덕 사
이에 출렁이는 바다를 놓아두라……서로 가슴을 주라, 그러나 서로
의 가슴속에 묶어두지는 말라. 오직 큰 생명의 손길만이 너희의 가

습을 간직할 수 있다.'라고 노래했다.

영상예배를 비롯한 온택트 예배는 새로운 시대에 주요 예배형식으로 자리매김할 것이다. 지난 8월 27일 대통령과 개신교 지도자들의 만남에서 한국교회총연합 공동대표회장이 대면 예배 금지 조처와 관련해 "종교의 자유는 목숨과 바꿀 수 없는 가치"라며 "교회는 정부 방역에 적극 협조하겠지만 예배를 지키는 일도 결코 포기할 수 없다"고 말했다. 여기서 예배를 지키겠다고 할 때 예배란 주일에 모이는 예배를 가리키는 것으로 보인다. 이로써 목사 스스로 신앙의 범주를 '모이는 예배'로 축소시켰다. 이는 매우 어리석을 뿐만 아니라 대단히 위험한 발상이 아닐 수 없다.

예수님은 '두세 사람이 내 이름으로 모인 곳에는 나도 그들 중에 있느니라'(마 18:20)고 하셨다. 코로나19를 통해 우리는 가정예배 영상예배를 통해 하나님과 깊이 만나는 새로운 영성(신앙양식)을 되찾았다.

지난 2천년 동안 성도는 개인적인 질병이나 자연재해 사회적 재앙 박해 국가 사이의 전쟁 등으로 개인적으로 또는 공동체로 모일 수 없는 상황에 처할 때가 적지 않았다. 그리고 모일 수 있을 때보다 모일 수 없는 상황에 처할 때 신앙과 영성이 더 깊이 뿌리내리곤 했다.

길을 가다가 우리는 종종 두 세 개로 갈라지는 길을 만난다. 그것들은 결국 다시 하나가 되기도 하고, 영영 다른 방향으로 나가기도 한다. 영어로 road와 load는 발음이 비슷하다. 특히 r과 l 발음을 잘 구별하지 않는 사람에게는 이 둘이 자칫 똑같은 발음으로 들린다. 둘 셋 가운데 한 쪽 길(road)을 선택하는 것은 짐을 어깨에 싣는(load) 일이다.(unroad – unload) 우리는 가지 않던 길을 가야(unroad) 비로소 어깨의 짐을 내려놓을 (unload) 수 있다.

언택트(untact)시대에 선택하는 언로드(unroad)가 우리 앞에 놓여 있다. 지금 우리는 우리 자신이 살기 위하여, 그리고 지구촌에 사는 모든 생명체를 살리기 위하여 아직 가지 않았던 길을 가야할 시간을 맞았다. 그러려면 가지고 있는 것들을 많이 아주 내려놓아야 한다.

바람 부는 곳에 서다

　우리 인생에는 풍파가 많다. 예언자 엘리야 역시 바람 잘 날 없는 세월을 보냈다. 그는 바알숭배자들에 맞서 여호와 하나님만 섬기는 신앙을 고수했다. 그 과정에서 그는 자기를 반드시 죽이겠다고 위협하는 왕비 이세벨의 역풍을 만나 멀리 산으로 피신을 했다.

　예수님의 제자들도 배타고 가는 길에 역풍을 만났다. 그 바람이 불어올 때가 언제인가? 제자들이 보리떡 다섯 개와 물고기 두 마리를 통하여 2만 여명을 먹이는데 수고를 많이 했다. 어쩌면 이때가 예수님과 제자들의 위상이 사람들 앞에 최대로 드러난 날이다. 이때 날이 저물었는데도 예수님은 제자들을 재촉해 다른 곳으로 가게 하셨다. 그들 대부분이 어부출신이니 밤바다라도 걱정할 것이 없었던 모양이다.

　제자들의 항해는 처음에 순풍에 돛단 듯 아주 순조로웠다. 기분 좋은 날 그들은 닻을 높이 달고 바람을 한 아름 안고 소풍을 가듯이 즐거웠으리라. 신이 났으리라. 콧노래도 불렀으리라.

우리 중에도 지금 순풍에 돛단 듯 인생 항해를 하는 분도 있다. 가정이 평안하다. 자녀도 잘 살고 있다. 기업이 잘 돌아가고 직장이 든든하다. 건강하다. 소소한 일상생활의 걱정은 있더라도 집채만한 걱정거리는 없다. 우리 인생에는 이와같이 언제나 지금만 같았으면 좋겠다고 생각되는 순간들이 있다.

우리에게 그러하듯이 제자들에게도 그 순풍이 오래가지 않았다. 막 6:48 앞부분이다.

바람이 거스르므로 제자들이 힘겹게 노 젓는 것을 보시고……

갑자기 인생 항해에 역풍을 만났다. 경제의 역풍이 불어온다. 건강의 역풍이 밀어닥친다. 신앙의 역풍도 거세게 분다. 자녀의 역풍, 가정의 역풍도 만만치 않다. 인간관계에도 역풍이 다가온다.

어느 권사님의 아들은 신경외과에서 매우 권위 있는 의사다. 어느 날 그를 만나니 "어머님이 겪는 고통 앞에 자신이 가지고 있는 의학적 능력은 아무런 소용이 없다"고 안타깝게 말했다. 어머님에게는 자신의 처방보다는 목사님이 기도해 주시는 것이 더 나을 것이라며 기도를 부탁했다. 익숙한 지식이나 경험도 역풍을 해결하는데 아무 효력을 발휘하지 못하는 순간이 있다. 인생에 다가 오는 역풍 앞에 지식도, 돈도, 권력도 아무 소용이 없을 때가 있다.

역풍을 만난 제자들은 아무리 노를 저어도 한 치 앞으로 나갈 수 없었다. 그들은 밤 4경(새벽 3-6시)까지도 사투를 벌였다. 풍랑을 이기려 안간힘을 다하는 그 밤이 그들에게 얼마나 긴 시간이었을까?

조선시대에는 해가 지는 일몰부터 해가 뜨는 일출까지 곧 술시(저녁 7시)부터 신시(인시. 새벽 5시)까지 밤 시간을 5 등분했다. 거기에 경(更)이란 이름을 붙였다. 1경의 길이는 2시간 정도다. 초경(유시)은 저녁 7~9시, 2경(해시)은 9~11시, 3경(자시)은 11~새벽 1시, 4경(. 5경(인시)은 3~5시, 6경(묘시)은 5-7시다.

유대인은 밤 시간을 네 시간씩 3등분, 로마인은 밤 시간을 세 시간씩 넷으로 구분했다. 마가복음은 로마인의 시간 구분법에 따라 일경은 오후 6시에서 9시, 이경은 오후 9시에서 12시, 삼경은 새벽 12시에서 2시, 사경은 새벽 3시에서 6시로 보았다.

요셉이 역경을 만났다. 아버지로부터 대단한 사랑을 받던 아들이었다가 갑자기 역풍이 불자 죽을 고비를 넘기고 노예로 팔려갔다. 다윗도 역경을 만났다. 골리앗을 무너뜨리고 하루아침에 백성의 인기를 얻었다가 사울 임금의 시기로 인하여 겨우 목숨을 부지하고 숨어살았다. 욥도 역경을 만났다. 그는 동방에서 최고 부자였다. 자식들과 다복하게 살았다. 그런 그가 하루아침에 있던 모든 재산 다 잃어버리고 자식들까지 잃었다.

오늘 우리는 코로나19 바이러스라는 역풍을 만났다. 대부분의 학자가 예고하듯 앞으로 인류에게 닥칠 폭풍은 세 가지라고 한다. 1) 핵(핵무기, 핵발전소), 2) 기후변화, 3) 바이러스. 특히 바이러스 팬더믹은 남극 북극의 빙하가 녹으면서 자주 찾아오리라 한다.

이런 역풍이 불어올 때 우리는 세상 권세와 부귀영화, 지식이 얼마나 부질없는가를 깨닫는다. 죽음 앞에 자존심과 명예, 돈이 무슨 소용이 있겠는가? 그렇더라도 분명한 것이 하나 있다. 거센 바람이 부는 곳에 선 우리는 예수님을 진실하게 만나야 한다는 사실이다. 이럴 때가 영안을 뜨기 가장 좋은 시간이다. 사람은 인생의 풍랑을 통해 멀리 보는 눈이 열린다.

우리가 가장 먼 곳까지 볼 수 있는 시간은 밝을 때가 아니라 어두울 때다. 아주 멀리 떨어진 별까지도 볼 수 있는 시간은 밝은 대낮이 아니라 칠흑 같은 밤이다. 어두우면 어두울수록 별은 유난히 밝게 보인다. 밝을 때에는 별이 하늘에 떠 있어도 눈에 보이지 않는다.

고난의 역풍이 불 때 우리는 평소 멀게만 느껴지던 천국을 바라본다. 천국을 바라볼 때 실제의 풍랑이 사라지기 전에 우리 마음속의 풍랑이 먼저 사라진다. 그리고 세상의 풍랑은 대수롭게 보이지 않는다. 우리 안에 태풍을 잠재우는 예수님이 계시면 세상의 풍랑은 그렇게 크게 보이지 않을 뿐만 아니라 그 영향력도 미미하다. 유리잔속의 물은 아무리 큰바람이 불어와도 파도처럼 출렁이지 않는 것과 같은 이치다. 작은 동전이 우리 눈을 가리면 아무것도 보이지 않다가도 그 동전을 거둬내면 푸른 초장이 보이는 것과 같은 이치다.

40년 동안 광야에서 잊혀진 사람으로 사는 모세에게 하나님께서 찾아 가셨다. 모세가 먼저 찾은 것이 아니다. 하나님이 먼저 이스라엘의 고통과 부르짖음을 보고 모세를 찾아오셨다. 일상의 무료함에 절망하는 그를 찾아 오셨다. 하나님은 한나의 고통을 외면하지 않으셨다. 히스기야의 역경을 방관하지 않으셨다. 에스더의 고난을 방치하지 않으셨다.

예수님이 제자들만 먼저 보내셨어도 눈에서 멀어진다고 마음마저 멀어진 것은 아니었다. 막 4:48이다.

제자들이 힘겹게 노 젓는 것을 보시고 밤 사경쯤에 바다 위로 걸어서 그들에게 오사……

예수님은 제자들이 힘겹게 노 젓는 것을 보셨다. 그 예수님은 지금 우리가 남모르게 흐르는 눈물을 보고 계신다. 우리 신음 소리를 들으신다. 우리 마음에 있는 두려움과 불안을 아신다. 막막한 대해 같은 세상에서 말씀 하나 붙들고 살아가는 가는 우리의 외로움과 고독을 아신다.

역풍을 만난 제자들을 외면하지 않고 찾아가신 예수님이 말씀하셨다.

'안심하라 내니 두려워하지 말라'(막 4:50)

50절의 '내니'(에고 에이미 = 나 여기 있다. 나는 나다)는 하나님께서
출애굽 당시 모세에게 하나님이 '여호와', 곧 '나는 스스로 있는 자'
(I am who I am)라고 하신 말씀과 같은 의미를 지녔다.(출 3:14) 예수
님은 '나' 라는 선언으로 하나님이 나타나시는 것(theophany)과 같은
모습으로 자신을 계시하셨다.(요 8:58)

예수님은 배에 오르셨다.(막 4:51) 그러자 일순간에 바람이 그쳤
다. 이 때 제자들은 심히 놀랐다. '배에 올라 그들에게 가시니 바람
이 그치는지라 제자들이 마음에 심히 놀라니'(51절) 그들은 바로 그
날 낮에 오병이어의 기적을 체험했으면서도 그들 마음은 오히려 바
람 부는 곳에 서 있었던 것이다.(막 4:52)

혹시 제자들의 이런 모습이 오늘 우리 모습이 아닐까? '지금까지
지내 온 것 주의 크신 은혜라'고 찬송을 부르면서도, 정작 거센 바람
이 불어올 때마다 마음의 갈피를 잡지 못하고 허둥지둥하는 모습이
우리다.

역풍이 부는 생활의 터전에 찾아오시던 예수님은 코로나19로 인
해 예배당에 모이지 못하고, 그리운 교회 식구들을 만나지 못하고
가정에서 영상예배를 드리는 우리에게 말씀하신다. '안심하라, 내니
두려워하지 말라.'(막 4:50)

우리에게 불어오는 바람은 무엇일까? 인간의 고난일수도 있고 아픔일수도 있다. 그런가 하면 인간의 풍조와 세태에 휩쓸리는 모습일 수도 있다. 지금은 코로나19란 이름을 가진 팬데믹이다.

다른 한편 그것은 성령의 바람일 수도 있다. 세파에 시달리는 우리에게 다가오시는 주님의 바람일 수도 있다. 세상살이 중에 거센 바람이 불어올 때 우리는 그 바람 자체에 휘둘리느냐 아니면 그 안에서 역사하시는 주님을 바라보느냐를 결단해야 한다. 크고 강한 바람이 산을 가르고 바위를 날려보낼듯이 폭풍우가 몰아치는 가운데서도 엘리야는 들릴락말락하는 가느다란 하나님의 목소리에 집중했다.

지금 코로나19 바이러스는 세상을 진동시킨다. 동서남북 어디를 둘러봐도 코로나19 바이러스 이야기다. 코로나 19의 거센 바람 속에서도 예수님은 우리를 만나러 고요하고 침착하게 찾아오신다. 세상 시끄럽고 속 시끄럽게 하는 소리에만 끌려가는 대신에 따스하고 부드럽게 다정하게 우리 마음과 영혼을 감싸주시는 주님의 속삭이듯 작은 말씀에 집중해보자.

오늘 우리가 바람 부는 곳에 서 있다면, 그 바람이 거세다면, 그만큼 주님은 우리에게 가까이 다가오신다. 오늘 우리가 지닌 세속적인 관심과 세상적인 바람을 잠재우고, 성령의 바람으로 굳건히 세우고자 예수님은 우리에게 찾아오신다.

2장

새로운
일상과 신앙

이웃과 함께하는
새로운 일상

(A new neighborly normal)

앞서 말한 2-5의 사항들은 우리가 사회 경제 정치 활동을 완전히 포기하고 홀로 살아가지 않는 한 누구나 언제나 어디서나 감염될 가능성이 남아 있음을 보여준다. 그것들은 단지 걸릴 확률을 줄여보자는 노력을 반영할 뿐이다.

코로나19 이래 우리는 평소에 쓰지 않던 말들 가운데 몇 가지를 아주 자주 그리고 익숙하고 쓰고 있다. 그 가운데 하나가 '뉴-노멀' (new normal)이다.

뉴-노멀이란 사회학 및 경제학에서 시대의 변화에 따라 새롭게 부상하는 기준이나 표준을 가리킨다.[24] 이것은 새로운 상태(신상태 新

---

24) '새로운 일상'(New Normal)이란 새롭게 세워지는 사회 문화 경제적 표준(기준)을 가리키는 말이다. 이는 현재 상황이 더 이상 돌이킬 수도, 수습할 수도 없을 정도가 되어 방향을 돌이키지 않으면

常態), 새로운 일상, 새로운 정상, 새로운 상식, 새로운 표준, 새로운 패러다임 등으로 옮겨진다. 여기서는 이 말을 '새로운 일상'으로 옮기겠다.

이 말을 처음 쓴 사람은 소설가 헤인레인(Robert A. Heinlein)이다. 그는 The Moon Is a Harsh Mistress(달은 매정한 여주인) 이란 작품에서 이 용어를 처음 썼다.(1966년)[25]

경제, 사업 분야에서 노멀은 200708년 세계 금융 위기와 2008년부터 2012년까지 이어진 경제 침체 기간 동안 만들어진 새로운 경제적 기준을 가리켰다. 미국의 벤처 투자가 맥나미(R. McNamee)는 이를 저성장, 저소득, 저수익률, 고위험을 특징으로 하는 새로운 경제적 기준으로 제시하며 사용했다. 이후 널리 쓰이게 된 건 2008년 채권운용사 핌코의 경영자 에리언(M. E. Erian)이 쓰면서부터다.

중국의 시진핑은 2014년 5월 이 낱말(신상대 新常態)을 사용했다. 11월 APEC회의에서 그는 그 내용을 '경제발전 속도는 초고속 성장에서 중고속 성장으로, 경제발전 추진 동력과 구조에 관해 정부주도

안 될 지경에 다다른 현실을 반영한다. 뉴 노멀 시대가 왔다는 말은 사람들이 이제까지 정상(일상)적으로 해 오던 생활 행동양식이 결코 정상이 아니었다는 사실을 역설적으로 보여준다.
25) Citizens, requests may reach you through your comrade neighbors. I hope you will comply willingly; it will speed the day when I can bow out and life can get back to normal — a new normal, free of the Authority, free of guards, free of troops stationed on us, free of passports and searches and arbitrary arrests. Robert A. Heinlein, The Moon Is a Harsh Mistress, 1966, 152쪽

로 하는 대규모 투자중심의 경제구조에서 민간영역 활성화를 통한 민생경제 활성화로 전환'이라고 설명했다. 12월 9-11일 북경에서 열린 중앙경제공작회의는 향후 중국경제의 새로운 방향으로 신창타이(新常態)시대에 진입한다고 공식 천명했다.

2020년 초 세계경제는 회복될 기미를 보였다. IMF 세계은행 OECD는 2019년 2.9%였던 세계경제성장률이 2020년에는 3.3%로 올라가리라 전망했다. 코로나19는 여기에 찬물을 끼얹었다. 2020년 세계경제는 경기침체 뒤 회복될 듯 하던 경기가 다시 침체에 빠지는 이중침체(더블딥 double-dip)에 빠졌다. 2001년 9.11 테러, 2008년 금융위기에 이어 21세기 세계 시스템에 세 번째로 큰 충격이다. 지금 각 나라는 1929년 경제 대공황에 맞먹는 여파가 밀려올 것을 걱정한다. 여기서 사도 야고보가 전한 말씀이 생각난다.

13······오늘이나 내일이나 우리가 어떤 도시에 가서 거기서 일 년을 머물며 장사하여 이익을 보리라 하는 자들아 14 내일 일을 너희가 알지 못하는도다 너희 생명이 무엇이냐 너희는 잠깐 보이다가 없어지는 안개니라 15 너희가 도리어 말하기를 주의 뜻이면 우리가 살기도 하고 이것이나 저것을 하리라 할 것이거늘 16 이제도 너희가 허탄한 자랑을 하니 그러한 자랑은 다 악한 것이라(약 4:13-16)

갑자기 밀어닥친 재난인 코로나19 현상은 자칫 이기심이나 타인을 무정하게 대하는 경향을 낳을 수가 있다. 까뮈가 말한 것처럼 '페스트(코로나19)는 모든 사람에게서 사랑의 능력, 심지어 우정을 나눌 힘마저 빼앗아 가버렸기' 때문이다. 이럴 경우 영혼이 피폐해지고 자기 중심성이 강화되곤 한다.[26]

이럴 경우 하나님 사랑과 이웃사랑이라는 기독교의 기본 가치기 심각하게 훼손된다. 그것은 또한 개인의 자기 중심성을 넘어 공동체의 집단적 자기 중심성으로 나타나기도 한다. 지금 일부 교회들이 정부의 방역대책이나 사회적 공감대와 동떨어진 교회 중심적 이기주의 행태를 보이는 것이 바로 그것이다.

기독교는 새로운 일상(뉴-노멀) 시대를 어떻게 받아들일까? 교회는 전염병이 창궐하는 시대에도 하나님의 영원한 헤세드(견고한 연대의식)를 말과 행동으로 보여줄 임무를 띠고 있다.[27] 기독교는 '코로나19로부터 안전하게 보호받느냐 아니냐'라는 단순한 경지가 아니라 그 이상의 세계를 믿는 종교다. '하나님이 우리를 세우심은 노하심에 이르게 하심이 아니요 오직 우리 주 예수 그리스도로 말미암아 구원을 받게 하심이라. 예수께서 우리를 위하여 죽으사 우리로 하여금 깨어 있든지 자든지 자기와 함께 살게 하려 하심이라'(살전 5:9-10)

---

26) 김경은, "재난을 이기는 영성: 자기를 내어주는 사랑과 기도" 박경수 외 편집, 재난과 교회. 205
27) 이하 내용은 B. Brueggemann의 《다시 춤추기 시작할 때까지》 81-82에서 따온 것이다.

성경의 예언자들이 그러하였듯이 사람들이 자포자기 하는 것을 보면서도 하나님은 결코 포기하지 않으신다는 사실을 말과 행실로 증언할 사명이 교회에게 있다. 이로써 i) 두려움의 시기에 사람들에게 진정한 이웃으로 처신하는 것, ii) 모두가 자기에게만 몰두하려 하는 시기에 이웃다운 관대함과 환대를 실천하는 것, iii) 남의 것을 빼앗으려는 탐욕에 맞서 정부가 이웃을 배려하는 정책을 펴게 하는 것이 필요하다.(Brueggemann 81-82)

교회는 그런 정부 정책들에 힘을 실어주고 이를 요구하며 그런 정책들이 발표되면 널리 알려야 한다. 이로써 본회퍼가 말한 것처럼 기독교인은 타자를 위한 사람으로, 교회는 타자를 위한 교회로 자리매김할 것이다. 목회사역은 이 바이러스가 최종 권세가 아님을 보여주는 것이며, 하나님의 선하심이 그것의 치명적인 힘까지도 꺾을 것을 선포하며, 그런 사역에 참여하는 것이다. 이것이 코로나19 시대에 진정으로 필요한 새로운 일상(new normal)이다.

이번 팬데믹을 지금껏 바쁘게만 살아오던 생활 속에서 나를 찾고, 내 주변을 돌아보는 기회로, 가족 간 유대를 돈독히 하는 기회로, 공동체의 중요성에 대해서 생각해보는 기회로, 전지구적 시각에서 환경을 바라보는 기회로 삼아보는 것도 좋을 것이다. 이것이 새로운 일상으로 자리 잡을 것이다. 어쩌면 이것이 코로나가 우리에게 주는 숙제일지도 모른다.

다시 열릴 관혼상제

나의 셋째 딸이 2020년 5월 16일 결혼식을 하려 했다. 딸과 사위는 2018년 11월 독일 마인츠의 시청(Standesamt)에 가 혼인신고를 했다. 그 둘은 주변 사람들을 초대하여 교회에서 결혼식을 하려고 2년 가까이 검소하게 생활하며 결혼비용을 마련했다. 나와 아내도 그에 맞추어 계획을 세웠다. 예상치 못한 코로나19가 우리나라에 2월부터, 독일에 4월부터 창궐했다. 고심 끝에 딸은 '내 부모님 없는 결혼식을 하지 않겠다'며 사위와 의논하여 결혼식 날짜를 내년으로 미루었다. 이에 따라 우리는 5월로 예매했던 비행기 표를 취소했다.

우리만 이런 것이 아니다. 2월과 3월 학교의 졸업식과 입학식이 취소되거나 연기되었다. 우리나라 초중고생 약 540만 명과 대학·대학원 약 300만 명이 학교에 가지 못했다. 3월말 4월초에 들어서자 더 이상 개학을 연기할 수 없는 각급 학교는 미처 준비하지도 못했던 '온라인 수업'을 어설프게 시작했다.

인간은 사회적 동물이라고 했다. 이는 그리스 철학자 아리스토텔

레스가 처음 했고, 오늘날까지 많은 사람 입에 오르내리는 말이다. 사람의 사회성이 길러지는 중요한 장소가 유치원과 학교다. 코로나19는 바로 그 학교를 위협한다. 그것으로 인해 '비대면'이 유치원과 학교에서 새로운 일상으로 되어가고 있다.

교회는 예배당에 모이는 예배 대신에 각 가정에서 드리는 온라인 예배를 채택했다. 결혼식은 축소 내지 연기되었다. 장례식도 간소화되었다. 이것들이 중단·축소·연기되면서 사람들은 허탈해한다. 그것들 가운데 어떤 것은 평생 단 한 번밖에 없는 행사라 더욱 속이 쓰리다.

통과제의[28] 가운데 관혼상제, 또 그 가운데서도 결혼식과 장례식이 특히 중요하다. 코로나19로 인한 팬데믹 현상은 결혼식과 장례식에도 커다란 장애를 가져왔다. 바이러스로 인한 전염병이 퍼져 나가는 상황에서 기뻐하며 축하는 결혼식은 물론, 고인을 애도하며 환송하는 장례절차가 제대로 진행될 분위기가 조성되지 않는다.

예언자 예레미야는 장례가 치러지지 못하는 경험을 세 차례나 했다.

---

28) 프랑스 인류학자 방즈네프(Arnold van Gennep 1873~1957)가 자기 책에 붙인 제목으로 이 용어를 처음 사용했다.(Les rites de passage, 1909) 영국 인류학자인 터너(Victor Turner 1920~1983)가 이것을 받아들여 더욱 발전시켰다.(The Ritual Process: Structure and Antistructure, 1969) 오늘날 이것은 인류학에서는 물론 문학, 대중문화, 일상용어로 널리 자리 잡았다. 각 사람과 공동체(집단)에게 통과제의(通過祭儀 통과의례 通過儀禮 a rite of passage)는 본디 출생, 성인, 결혼, 죽음 등 인간이 성장하는 과정에서 하나의 단계를 마무리하고 그 다음 단계로 진입하는 것에 새로운 의미를 부여하는 의례이다. 이것은 어떤 사람이나 단체가 자기가 사는 사회의 인정을 받는 절차(의식, 의례)다.

이 백성의 시체가 공중의 새와 땅의 짐승의 밥이 될 것이나 그것을 쫓을 자가 없을 것이라(렘 7:33)

그들의 예언을 받은 백성은 기근과 칼로 말미암아 예루살렘 거리에 던짐을 당할 것인즉 그들을 장사할 자가 없을 것이요 그들의 아내와 아들과 딸이 그렇게 되리니 이는 내가 그들의 악을 그 위에 부음이니라(렘 14:16)

6 큰 자든지 작은 자든지 이 땅에서 죽으리니 그들이 매장되지 못할 것이며 그들을 위하여 애곡하는 자도 없겠고 자기 몸을 베거나 머리털을 미는 자도 없을 것이며 7 그 죽은 자로 말미암아 슬퍼하는 자와 떡을 떼며 위로하는 자가 없을 것이며 그들의 아버지나 어머니의 상사를 위하여 위로의 잔을 그들에게 마시게 할 자가 없으리라(렘 16:6-7)

5년여 전 메르스 발생 당시 그러하였듯이, 코로나19에 감염된 환자를 치료하는 병실에 허가된 의료진 외에는 출입이 금지된다. 환자 대부분이 격리 상태에 놓이기에 가족조차도 임종을 지키지 못한다. 치료를 받던 환자가 어떤 상황에서 사망에 이르렀는지 가족도 모른다.

팬데믹 시대에 다양한 목소리가 터져 나오는 중에도 두 가지 목소리가 여전히 빠져 있다. 하나는 확진자의 목소리, 다른 하나는 사망자를 향한 애도의 소리다. 이런 뜻에서 전염병은 진정으로 두려운 물건이다. 방역과 생존이라는 대의명분 아래 확진자는 전염병의 숙주로, 희생자는 전광판의 숫자로만 기록될 뿐이다.

이런 일은 생각보다 심각한 증상으로 나타나기도 한다. 갑작스럽게 가족을 잃은 사람들 중에는 고인 없이 살아가야 할 현실에 두려움과 불안을 느끼거나 가족의 죽음 자체를 믿지 않으려 하기도 한다. 고인과 다시 관계를 할 수 없다는 사실 앞에 정서적 고독감이 커지면서 사망과 관련된 과정을 연거푸 그려보거나, 죽음을 되돌리는 상상을 하는 등 과도한 증세를 보이기도 한다.

메르스 발생 당시 그러하였듯이, 코로나19로 사망한 고인을 가족조차 임종하지 못하는 것은 물론 장례식도 제대로 치르지 못한다. 통상적인 장례절차를 지키기 어려울 뿐만 아니라 아예 장례의식이 생략되기도 한다. 가족들은 정상적인 애도의 과정 없이 고인을 떠나보내는 것이다.[29]

예언자 예레미야는 결혼식이 취소되는 경험도 세 차례나 했다.

> 그 때에 내가 유다 성읍들과 예루살렘 거리에 기뻐하는 소리,
> 즐거워하는 소리, 신랑의 소리, 신부의 소리가 끊어지게 하리
> 니 땅이 황폐하리라(렘 7:34)

---

29) 이상의 내용은 심민영, "바이러스가 남긴 트라우마" 김수련 외 　포스트 코로나 사회: 팬데믹 경험과 달라진 세계 , 글항아리, 2020. 98-99 참조.

8 너는 잔칫집에 들어가서 그들과 함께 앉아 먹거나 마시지
말라 9 만군의 여호와 이스라엘의 하나님께서 이와 같이 말씀
하시니라 보라 기뻐하는 소리와 즐거워하는 소리와 신랑의 소
리와 신부의 소리를 내가 네 목전, 네 시대에 이곳에서 끊어지
게 하리라(렘 16:8-9)

10 내가 그들 중에서 기뻐하는 소리와 즐거워하는 소리와 신
랑의 소리와 신부의 소리와 맷돌 소리와 등불 빛이 끊어지게
하리니 11 이 모든 땅이 폐허가 되어 놀랄 일이 될 것이며 이
민족들은 칠십 년 동안 바벨론의 왕을 섬기리라(렘 25:10-11)

결혼식조차 치르지 못한 신랑(카탄 *ḥātān*) 신부(칼라 *kallâ*)가 이렇게
세 차례 언급되었다. 특히 카탄이란 용어는 예레미야서 앞의 본문
세 곳과 곧 살펴볼 렘 33:11, 그리고 욜 2:16에서만 문자 그대로 '신
랑'을 나타낸다.[30] 예언자 예레미야는 그 예식이 다시 열리는 날을
내다보았다. 여기서 렘 33:10-13을 살펴보자.

10-11 여호와께서 이와 같이 말씀하시니라 너희가 가리켜 말
하기를 황폐하여 사람도 없고 짐승도 없다 하던 여기 곧 황폐

---

30) 시 19:5; 사 61:10; 62:5에서 이것은 비유적 의미로 쓰였다. W. Brueggemann, Virus as a
Summons to Faith: Biblical Reflections in a Time of Loss, Grief, and Uncertainty(신지철 옮김,
다시 춤추기 시작할 때까지: 코로나 시대 성경이 펼치는 예언자적 상상력, IVP, 2020, 75)

하여 사람도 없고 주민도 없고 짐승도 없던 유다 성읍들과 예루살렘 거리에서 즐거워하는 소리, 기뻐하는 소리, 신랑의 소리, 신부의 소리와 및 만군의 여호와께 감사하라, 여호와는 선하시니 그 인자하심이 영원하다 하는 소리와 여호와의 성전에 감사제를 드리는 자들의 소리가 다시 들리리니 이는 내가 이 땅의 포로를 돌려보내어 지난날처럼 되게 할 것임이라 여호와의 말씀이니라 12 만군의 여호와께서 이와 같이 말씀하시니라 황폐하여 사람도 없고 짐승도 없던 이곳과 그 모든 성읍에 다시 목자가 살 곳이 있으리니 그의 양 떼를 눕게 할 것이라 13 산지 성읍들과 평지(스펠라) 성읍들과 네겝의 성읍들과 베냐민 땅과 예루살렘 사면과 유다 성읍들에서 양 떼가 다시 계수하는 자의 손 아래로 지나리라 여호와께서 말씀하시니라(렘 33:10-13)

이것은 두 폭의 그림과 같다. 10-11절은 i) 황폐하여 사람과 동물이 살 수 없을 정도로 적막이 흐르던 곳에서 ii) 바로 그 자리에 '다시' 기뻐하는 소리, 하나님의 자비를 찬양하는 소리가 울려 퍼진다는 것이다. 이것은 통과제의(관혼상제)가 회복되는 이야기다. 12-13절은 이스라엘의 목초지에서 목자의 인도와 보호를 받으며 가축 떼가 번성하리라는 내용이다. 이것은 경제활동이 회복되는 이야기다.

10절에서 여호와의 말씀은 '다시 들리리라, 이곳에서'(직역)로 시작된다. 이는 '다시'라는 사실을 지극히 강조하는 문학적 기법이다.

10절은 '이곳'의 지금 상태를 구체적으로 묘사했다. '이곳'은 어디를 가리키는가? 렘 33:4에 눈을 돌려보면, 그 범위를 좁혀본다면 '이곳'은 다름 아닌 예루살렘 도성의 집들과 유다 왕궁이다.[31] '황폐하여 사람도 없고 짐승도 없다 하던 여기 곧 황폐하여 사람도 없고 주민도 없고 짐승도 없던 유다 성읍들과 예루살렘 거리'(10절)는 예루살렘을 비롯한 유다 땅이 완전히 몰락한 상황을 보여준다.

11절은 '이곳'에서 다시 들리게 될 소리를 6가지로 전해준다. '즐거워하는 소리, 기뻐하는 소리, 신랑의 소리, 신부의 소리와 및 만군의 여호와께 감사하라 여호와는 선하시니 그 인자하심이 영원하다 하는 소리와 여호와의 성전에 감사제를 드리는 자들의 소리'가 그것이다.

특히 뒷부분에는 성전(예배당)에 나와 감사제를 드리는 사람들이 부르는 찬양의 가사까지 소개된다: '만군의 여호와께 감사하라, 여호와는 선하시니 그 인자하심이 영원하다.'(시 106:1; 107:1; 118:1, 29; 136:1; 대상 16:34 참조) 이 말씀은 예언자 에스겔이 전한 예루살렘의 상태(겔 16장)와 완전히 다른 것이다.

예언자 예레미야는 재난의 시간이 지나가고 회복의 시간이 찾아온 것을 '슈브 쉬부트(šûb šəbût = 운명을 회복시키다, 변화를 불러일으키다, 포로를 돌이키다)'로 나타냈다. 이것은 예레미야서에 여러 차례 쓰였

---

31) 박동현, 예레미야 II, 대한기독교서회, 2006, 233

다. 그 주어는 언제나 하나님이다. 구원받을 대상에 비추어 구약성
경에서 그 쓰임새를 찾아보면 다음과 같다.(27번)[32]

I) 개인(욥 42:10)

II) 집단 i) 도시: 사마리아 소돔(겔 16:53), 야곱의 장막(렘 30:18)

예루살렘(애 2:14) 시온(시 126:1, 4)

ii) 국가: 다윗 왕조(렘 33:26)

iii) 땅 : 렘 32:44; 렘 33:26

iv) 백성: 이집트(겔 29:14) 모압(렘 48:47) 암몬(렘 49:6)

엘람(렘 49:39) 포로민(렘 29:14) 유다 집의 남은 자들(

습 2:7) 유다(와 이스라 엘 렘 33:7) 유다(와 예루살렘 욜 4:1

이하) 이스라엘(암 9:14) 이스라엘(과 유다 렘 30:3) 야곱

(시 85:2) 야곱(과 이스라엘 겔 39:25) 모든 백성(호 6:11;

시 14:7; [53:7]; 신 30:3; 습 3:20)

이것은 단순히 좋았던 옛 시절로 되돌아가는 것이나, 압제적인
왕권 아래 이전의 사회정치 및 경제 제도로 회복되는 것을 뜻하지
않는다. 이는 오히려 약속의 땅으로 돌아오는 것을 의미한다. 그 결
과 그 땅은 다시 정돈되고 질서가 잡히며, 사람들은 새로운 삶을 살
게 될 것이다. 이것은 향수를 불러일으키는 어떤 것이 아니라, 하나

---

32) E. L. Dietrich, Shuv shevut Die endzeitliche Wiederherstellung bei den Propheten(BZAW 40),
Verlag von Alfred T pelmann in Giessen, 1925. 12-13

님의 약속이 실현되는 무대로의 회복이다.(Brueggemann 81-82)

미래의 일들은 '오래된 옛날(역사)' 속에 이미 들어있다. 그래서 노르베리-호지(H. Norberg-Hodge)는 '오래된 미래들'(The ancient Futures)이라고 했다. 성경은 바로 그것의 회복을 약속하시는 하나님과 그 약속을 신뢰하며 따라가는 사람들이 만나는 이야기다. 회복은 지난날(과거) 좋았던 것들을 찾아내 다시 펴나가는 것이고, 약속은 이전의 것들을 극복 지양하며 보다 나은 미래를 의식적으로 선택하는 행위로써 실현된다.

성경에 나타난
전염병의 정체

전쟁 기근 전염병은 성경에 나타난 대표적인 재난 세 가지이다.(삼중 재앙) 인류의 과학기술문명이 발달하면서 기근의 문제는 20세기 말 이후 대부분의 나라에서 어느 정도 해결됐다. 전쟁의 문제는 아직 부분적으로 골칫거리로 남아 있더라도 이전보다는 많이 해결되는 중이다.

삼중 재앙에 관한 성경의 해석은 크게 다음과 같이 네 가지다.[33]

1) 언약의 집행방식

성경은 '네가 네 하나님 여호와의 말씀을 청종하면 이 모든 복이 네게 임하며 네게 이르리니'(신 28 :2) '네가 만일 네 하나님 여호와의 말씀을 순종하지 아니하여 내가 오늘 네게 명령하는 그의 모든 명령과 규례를 지켜 행하지 아니하면 이 모든 저주가 네게 임하며 네게

---

33) B. Brueggemann, 앞의 책 21–57 참조

이를 것이니'(신 28:15)라고 가르친다. 이 비슷한 말씀이 곳곳에 있다. 성경은 재난이 단순한 자연현상이 아니라고 가르친다. 물론 이런 해석은 기독교만의 것이 아니다. 동서고금에 널리 퍼져 있다.

하나님은 재난이나 질병을 심판(정화)의 도구로 사용하시기도 한다. 물론 그런 것들이 다 하나님의 심판인 것은 아니다. 사람인 우리는 누가 언제 그런 것으로 심판을 받고 있는지를 판단할 권위(능력)가 없다. 실제로 하나님의 저주(벌, 심판)이었는지 실증적으로 증명할 수는 없다. 그렇더라도 이를 진지하게 받아들이는 개인이나 공동체는 자신들의 허물과 죄를 성찰하며 바로잡을 좋은 기회를 만난 것이다.[34]

문제는 이런 사상(신앙관)으로 타인 타집단을 매도할 때 발생한다. 이것이 종종 어떤 부류의 사람들에 대한 배척 혐오 공격하는 이론적 사상적 무기로 악용되곤 했다. 종교인들 가운데도 이런 우를 범하는 이들이 있다. 작년에 미 대통령이 쓴 대가 지불(동등보응 quid pro quo)이라는 말도 이에 해당된다. 이런 태도는 i) 특정 상대를 향한 혐오 저주로 들리거나, ii) 그렇지 않아도 힘들고 괴로운 사람의 마음에 비수를 꽂는 무식 무자비한 것이다.

---

34) "전염병의 원인을 '신의 저주'로 보든 '인간 욕심의 결과'로 보든 이를 계기로 자기반성을 하려는 종교는 해롭지 않다. 그러나 전염병의 원인으로 이웃을 지목할 때, 종교적 신념은 끔찍한 혐오, 때로는 살육을 초래하게 된다." 백소영, "전염병과 종교" in: 김수련 외, 포스트 코로나 사회: 팬데믹의 경험과 달라진 사회, 글항아리, 2020, 158

2) 목적(목표)의식에 따른 의도적 행위

이것은 하나님께서 어떤 특정한 목적을 이루려고 일부러 일으키는 재난을 가리킨다. 출애굽 당시 이집트 지역에 내린 표적 가운데 여섯 번째(출 9:1-7 짐승의 돌림병) 일곱 번째(출 9:8-12 악성종기)가 그 대표적인 예이다. 여기에는 심판 또는 해방의 역사가 겹쳐서 나온다. 이런 이야기들에서 우리는 하나님께서 창조세계의 다양한 요소들을 동원해 자신의 계획(인간해방, 피조물의 구원)을 실현시키는 모습을 본다.

3) 하나님의 능력과 거룩하심이 드러나는 신비한 사건

이것에는 구체적인 동기나 이유가 따로 설명되지 않는다. 우리는 이것을 하나님의 자유, 하나님의 신비, 하나님의 거룩하심이 드러남 등 성령님의 감동감화 안에서 해석할 수밖에 없다. 이를테면 욥이 당한 재난을 욥 자신은 물론 오늘날의 우리도 완전히 설득력있게 해명하지 못한다. 우리는 하나님의 영광과 거룩함이 드러나는 이런 일들에서 단지 전율과 매혹 그리고 두려움을 느낄 수 있을 뿐이다.[35]

비록 충분히 해명할 수 없더라도 우리는 하나님의 창조행위와 피

---

35) 하나님은 우리가 알지 못하는 것도 행하시는 분이다. '[여호와 나의 하나님이여 주께서 행하신 기적이 많고 우리를 향하신 주의 생각도 많아 누구도 주와 견줄 수가 없나이다 내가 널리 알려 말하고자 하나 너무 많아 그 수를 셀 수도 없나이다'(시 40:5)

조물 통치의 과정에서 긍정적이든 부정적이든 놀라는 것 밖에는 달리 할 것이 아무 것도 없을 때가 종종 있다. 그것들은 우리의 예상이나 통제의 범위를 넘어서기 때문이다. 여기서 우리는 우리의 지식이나 탐구보다 더 깊은 신비와 마주하는 것이다.

4) 하나님께서 하시는 일을 나타낼 사건

앞서 말한 세 가지가 다 하나님께서 하시는 일이 나타난 것이라도, 부정적인 현상과 긍정적인 현상이 겹쳐 있다. 이와 달리 네 번째 경우에는 온전히 긍정적인 효과만 나타난다.

그 대표적인 예는 요 9:1-34다. 태어날 때부터 맹인인 사람을 두고 제자들이 얘수님께 '이 사람이 맹인으로 난 것이 누구의 죄로 인함이니이까'(요 9:2)라고 물었다. 이에 예수님은 '이 사람이나 그 부모의 죄로 인한 것이 아니라 그에게서 하나님이 하시는 일을 나타내고자 하심이라'(요 9:3)고 대답하셨다. 그리고 자신을 포함해 제자들은 '때가 아직 낮이매 나를 보내신 이의 일을 우리가 하여야 하리라'고 하셨다. 이밖에도 마 15:31; 눅 7:16; 17:16; 18:43 등에 이런 취지의 내용이 들어있다. 여기서 핵심은 소경(질병)에게서 하나님이 하시는 일이 나타난다는 데 있다.

코로나19는 위 네 가지 범주에서 어느 쪽에 속할까? 사람마다 제각기 적용하는 범주가 다를 것이다. 그리고 지금 우리가 눈으로 보

듯이 해석하는 그 입장에 따라 처방 역시 서로 다를 수밖에 없다.[36]

다만 한 가지를 짚고 가자. 성경이나 역사에서 앞서 말한 세 가지 (전쟁, 기근, 전염병)는 그 원인을 초래한 책임이 큰 사람보다는 다수 의 타인이 대가를 치른다는 공통점이 있다. 이를테면 다윗이 인구조 사를 함으로써(대상 21장) 그 나라 백성이 전염병으로 7만 명이나 죽 었다.

사회적 재난 상황에서는 대체로 부자보다는 가난한 자, 건강한 자보다는 병약한 자, 젊고 혈기왕성한 사람보다는 어린이나 노인이 희생되기 쉽다. 사회가 불평등한 구조로 짜여 있으면 있을수록 그런 현상은 더 도드라지게 나타난다.

코로나19 상황에서도 위와 같은 현상은 예외가 아니다. 거기에 내국인과 외국인의 차별도 더해지고 있다. 전염병은 불평등한 사회 가 인간에게 얼마나 치명적인가를 다시 일깨워준다.[37] '이는 오늘날 코로나19에 감염된 자가 그 자신의 죄 때문에 고통을 겪는다는 식

---

36) 인간이 겪는 재난에 관해 고대 그리스 철학자들의 주요 입장은 다음과 같이 세 가지로 분류된다. i) 스토아 학파: 세상만사가 다 정해져 있고, 그것을 바꿀 도리가 없으니, 그냥 거기에 맞추어 사는 법을 배워야 한다. ii) 에피쿠로스 학파: 이런 일들이 무작위로 일어나기에 우리가 할 수 있는 일은 아무 것도 없다. 그러니 최대한 평정을 유지하려 할 뿐이다. iii) 플라톤 학파: 현세는 실재의 그림자일 뿐이다. 이 땅에서 나쁜 일이 생기더라도 우리는 결국 다른 세상으로 가게 되어 있다. T. Wright, God and the Pandemic(이지혜 옮김. 하나님과 팬데믹 – 코로나와 포스트 코로나 시대에 대한 기독교적 성찰. 비아토르, 2020) 15

37) 안희경. 오늘부터의 세계. 세계 석학 7인에게 코로나 이후 인류의 미래를 본다. 메디치, 2020. 159.

의 생각은 그릇된 것임을 가르쳐줄 뿐만 아니라, 전염병에 직면한 공동체가 어떻게 행동하는 것이 마땅한지를 알려주기도[38] 한다.

---

38) 배희숙, "재난과 교회: 코로나19 사태에 대한 구약성서적 고찰", 박경수 외 편집, 재난과 교회. 34–50(특히 40)

코로나19가
가져다 준 선물

바벨론 포로기를 겪는 동안 이스라엘 백성은 다음과 같은 것을 얻었다. i) 유일하게 합법적인 중앙 성소인 예루살렘 성전 대신에 각지에 세워진 회당 ii) 안식일의 준수 iii) 문서로 쓰인 하나님의 말씀과 만나기 iv) 성전예배라는 외형적인 신앙양식에서 토라(율법)에 기초한 생활신앙 양식의 재발견 v) 개인과 민족의 영육간의 정화. vi) 앞의 여러 가지를 종합하여 개인적인 경건의 중요성을 재발견함.

8개월 가까이 진행되는 코로나19 팬데믹으로부터 우리는 무엇을 얻었는가? 앞으로 점점 더 잃은 것보다는 얻은 것들이 분명하게 드러날 것이다. 지금은 우선 다음과 같은 것들을 생각해보자.

1) 마음의 항체가 생겼다.

다소의 차이가 있더라도 우리 몸과 마음에 코로나19에 대항하는 항체가 생겼다. 이것은 굉장한 소득이다. 이로써 우리는 코로나19

만이 아니라 다른 질병에도 대처할 항체를 얻었다.

2) 대한민국 국민과 대한민국 정부를 향한 신뢰도가 높아졌다.

우리 안에서 전에 '헬조선'이니 뭐니 하던 자기비하가 슬그머니 사라졌다. 세계인의 마음에 그동안에는 일본인에 대한 신뢰도가 한국인에 대한 그것보다 월등히 높았다. 코로나19 팬데믹을 겪으면서 그것이 완전히 달라졌다.

코로나19 국면에서 문재인 정부는 사스나 메르스 당시의 이전 정부와는 비교할 수 없을 정도로 투명하게 정보를 공개하고, 약자에 공감하는 정책을 폈다. 총선을 앞둔 상황에서 자칫 정부여당에게 손해가 될지도 모를 위험을 감수하며 자유 민주주의의 가치를 지켰다. 이로써 그에 대한 대응에서 몇 가지 미숙하거나 실수가 있었더라도 전체적으로 긍정적인 효과를 거두었다.

국제사회에서 한국인의 신뢰도는 최고로 높아졌다. IMF는 금년 여러 나라의 경제성장을 예측하면서, 세계 주요 선진국이 다 마이너스 성장을 기록할 것이라고 했다. 그 가운데 한국이 0.8%

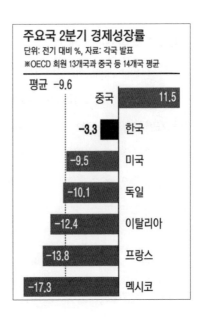

주요국 2분기 경제성장률
단위: 전기 대비 %, 자료: 각국 발표
※OECD 회원 13개국과 중국 등 14개국 평균

평균 -9.6

중국	11.5
한국	-3.3
미국	-9.5
독일	-10.1
이탈리아	-12.4
프랑스	-13.8
멕시코	-17.3

라고 예측했다. 이런

수치는 비록 "(마이너스) 더라도 OECD국가들 중에서 가장 좋은 평가다. OECD는 주요국 봉쇄조치가 한 달 계속되면 연간 GDP는 최대 2% 감소되고, 세 달 지속되면 4-6%가 감소되리라고 했다.

7월 23일 한국은행에 따르면 2분기 실질 국내총생산(GDP)이 전기 대비 3.3% 감소했다. 그럼에도 한국의 경제규모는 지난해 OECD 37개 국가 중 12위였다가 올해 2분기 현재 9위로 올라섰다.[39]

한국은 이제 아시아 변방 국가가 아니다. 2020년 코로나19 팬데믹이 발생한 뒤 선진국 정부는 한국의 방역모델을 따라하고 한국산 진단키트 수출을 잇달아 요청했다. 미국 유럽 중국의 저명한 석학들도 '코리아 넘버원'에 이의를 제기하지 않았다.[40]

3) 국가의 위기관리 체계를 점검하고 재정비할 수 있다.

코로나19에 대해 정부가 채택한 대처방법에는 부분적으로 허술한 부분이 있었더라도 대체로 옳았다. 우리는 정부가 이끄는 방향에 따라 가면서, 앞으로 보다 체계적이고 안전한 제도와 체제를 갖추도록 기도해야 하겠다. 질병관리본부가 질병관리청으로 승격하여 9월에 새롭게 출범하는 것도 그런 정책의 일환이다.[41]

---

39)http://biz.khan.co.kr/khan_art_view.html?artid=202008022039015&code=920100
40) https://news.v.daum.net/v/20200921063507012
41) 질병관리본부는 국민보건위생향상 등을 위한 감염병, 만성 질환, 희귀 난치성 질환 및 손상(損傷) 질환에 관한 방역 조사 검역 시험 연구업무 및 장기이식관리에 관한 업무를 관장하는 곳이다. 이것은 노무현 전 대통령의 의지에 따라 2003년 12월 18일 출범했다.

여기서 빼놓을 수 없는 것이 우리나라가 이미 구축해 놓은 전 국민 의료보험체제이다. 이것은 김대중 정부가 의욕을 가지고 추진했던 것으로, 이번 코로나19에 대응하는 과정에서 톡톡히 진가를 발휘했다.

4) 사이비 종교집단의 실체가 적나라하게 드러났다.

젊은이들을 데려다가 학업을 포기하게 하고, 가정을 벗어나게 하며 집단 훈련을 시키는 등 인생의 앞날을 막아버리는 비정상적인 활동이 밝혀진 것이다. 기성교회의 목회자와 장로들은 많은 성도를 사이비 단체에 빼앗기는 것에도 아랑곳하지 않은 채 교권다툼을 하고, 직분다툼을 해 왔다. 이것이 얼마나 큰 불신앙인가!

5) 어려운 시기는 옥석이 가려지는 시간이다.

이 시기에 우리는 평소에 알던 사람의 진가를 알게 되었다. 코로나19 바이러스가 기승을 부리자, 수많은 소식과 말이 언론과 SNS에 쏟아져 나왔다. 그런 것들을 가만히 생각하면서 살펴보면, 진짜 뉴스와 가짜 뉴스를 조금은 분별할 수 있게 되었다. 누가 트집을 잡으려 하는지, 누가 방역 활동의 발전을 위해 일하는지를 알게 되었다.

더 나아가 이번에 우리는 근본주의 신앙이 그 사람 자신을 비인간화시키고, 주변 사람을 얼마나 위험에 빠뜨리는지를 알게 되었다. 한국에서는 이들을 보수신앙이라고 말한다. 사실 그것은 전통적인 의미에서 보수신앙과는 거리가 멀다. 코로나 위기에도 아랑곳없이 신앙인인 것을 내세우면서도 자기 입장에서 아무 거짓말이나 마구 쏟아내는 사람들이 있다. '목적이 수단을 정당화하지 않는다'는 말이 실감난다. 전00씨에게 '목사'라는 칭호가 붙을 때마다 개신교의 위상은 점점 더 끝 모를 바닥으로 떨어진다. 공공성(公共性)을 잃은 신앙은 자칫 흉기가 될 수 있다.

6) 위기가 단순히 위기가 아니라 대처하기에 따라서 기회가 될 수 있다는 교훈을 얻었다.

윈스턴 처칠은 "비관주의자들은 모든 일에서 어려움을 본다. 건강한 사람은 모든 일에서 기회를 본다."고 말했다. 건강한 사람들은 1:9로 보이는 가장 어려운 시간에도 긍정적이고 건설적인 1을 놓치지 않는다. 그 하나를 지렛대로 삼아 다시 일어선다. 비관주의자들은 역경 그 자체에 파묻힌 채 불안해하며 징징거리며 산다.

7) 감사의 신앙으로 변화되기 시작했다.

일상생활에 주어진 복을 잊고, 있는 것에 감사드리는 대신에 아직 없는 것에 집착하며 달라고만 하던 신앙이 감사하는 신앙으로 변화되기 시작했다.

8) 예배의 소중함을 절감했다.

이전에 이미 알고 있었으나 이번에 코로나19를 겪으면서 하나님의 집, 성전에 나와 드리는 예배가 소중한 것을 다시 절감했다.

믿음의 형제자매가 함께 만나는 일이 얼마나 행복한 일인지를 다시 확인했다. 우리는 신앙생활의 의미를 재발견했다. 주일예배, 성도의 교제, 하나님 말씀을 받아들이며 의지하기 등 신앙의 기본이면서도 평소 소홀히 하기 쉬었던 일들이 주는 인생의 활력과 의미를 되새기는 귀중한 체험을 했다.

9) 인생의 롤모델을 발견했다.

근심 걱정거리가 많은 우리는 위태위태한 순간을 보내는 동안 성경의 인물들(예를들면 아브라함, 다윗)을 보며 인생의 롤모델을 발견했다.

다윗은 어떻게 했는가? 사울에게 쫓기며 목숨이 왔다 갔다 하는 순간에도 그는 근심걱정거리와 함께 사는 대신에 하나님과 함께 사는 길을 선택했다.

10) 모든 인간이 귀하다는 사실을 재발견했다.

1,2차 세계대전은 물론 모든 전쟁에는 내 편 네 편이 확연하게 갈라져 있다. 그것과 달리 코로나19와의 전쟁에는 적과 아군이 따로 없다. 남녀노소 빈부귀천 나라와 민족을 초월해 모두가 다 같은 편이다.

지난 몇 달 동안 우리 중에는 우리나라 안에서, 또 외국과의 관계에서 자꾸 편을 가르고 담을 쌓으려는 사람들이 있었다. 누구 때문이라고 원망하거나, 어느 지역 어느 나라를 봉쇄하라고 주장하는 이들도 있었다. 한편만 생각하면 일리가 있어 보이더라도, 넓고 크게 보면 너무나도 철이 없는 생각이다. 이제는 그런 것을 다 내려놓고, 모두가 함께 견뎌내면서, 함께 힘을 합쳐 이 일을 이겨내야 하겠다. 지금은 개인의 이기주의나 집단(공동체, 국가, 민족)의 이해관계에 집착하던 태도에서 완전히 돌아설 때다. 그 대신 하나님의 말씀(진리)과 사랑으로 무장해야 할 때다.

　사회적 재난 상황에서는 대체로 부자보다는 가난한 자, 건강한 자보다는 병약한 자, 젊고 혈기왕성한 사람보다는 어린이나 노인이 희생되기 쉽다. 사회구조가 불평등하게 짜여 있으면 있을수록 그런 현상은 더 도드라지게 나타난다.

　코로나19로 인한 팬데믹 상황에서도 위와 같은 현상은 예외가 아니다. 거기에 내국인과 외국인의 차별도 더해지고 있다. 여러 나라 사례에서 보이듯이 전염병은 불평등한 사회가 인간에게 얼마나 치명적인가를 다시 일깨워준다. '이는 오늘날 코로나19에 감염된 자가 그 자신의 죄 때문에 고통을 겪는다는 식의 생각은 그릇된 것임을 가르쳐줄 뿐만 아니라, 전염병에 직면한 공동체가 사람들에게 어떻게 행동하는 것이 마땅한지를 알려주기도'(배희숙 34-50) 한다. 코로나19의 팬데믹을 겪으면서 우리는 사람 귀한 줄 아는 교회, 사람 및 생명을 우선으로 선택하는 사회　경제　정치체제를 세워나가야 하리라.

지금 코로나19가 불러 온 팬데믹은 장차 인간생활 전반에 분명 매우 긍정적이고 창조적인 효과를 가져다주리라는 점은 매우 분명하다. 이미 그런 징조가 곳곳에서 감지되고 있다. 바로 그것을 바르게 찾아내기 위해서라도 지금 우리는 코로나19 현상을 보다 세밀하게 관찰하며, 그로 인해 나타나는 여러 가지 현상들 가운데 본질적인 것과 비본질적인 것을 정확하게 분별하는 것을 차근차근 해 나가야 하리라.

전염병과 관련된
기독교 전통

전염병은 고대로부터 현대에 이르기까지 인류의 생존을 위협하는 주요한 재난이었다.

고대 이집트 파피루스에도 전염병에 관한 기록이 남아 있다. 주전 3200년 전 람므세스5세는 천연두 바이러스에 감염되어 죽었다. 그의 미라에서 농포성 발진이 발견되었다. 이는 역사상 가장 오래된 천연두의 흔적으로 알려졌다.(김명자 254)

구체적인 역사 기록에 처음 나타난 전염병은 아테네 역병이다. (주전 430년) 주전 431-404에 아테네는 스파르타와 전쟁을 했다. 전쟁 초기 우세했던 전세가 반전되면서 아테네는 스파르타가 이끈 펠로폰네소스 동맹에게 패했다. 역사가 투키디데스는 《펠로폰네소스 전쟁사》에서 아테네는 그 역병으로 병력의 3분의 1 이상을 잃었으며 그로 인해 아테네의 패망이 빨라졌다고 했다. 아테네는 그 역병

으로 군인을 포함 2~30만명이 목숨을 잃었던 것이다. 다음은 그의 기록이다.(Stark 175)

신전에서 기도드리거나 신탁을 구하는 일이 다 소용없었다. 막판에 너무나 큰 고통이 엄습한 나머지 이런 저런 것에 더 이상 신경 쓸 겨를이 없었다…… 그들은 돌봐주는 사람 없이 죽어갔다…… 죽어가는 자들이 겹겹이 쌓여 있었고, 죽은 목숨이나 다름없는 자들이 비틀거리며 거리를 배회하거나 갈증 때문에 식수대 근처로 몰려들곤 했다. 신전 한 귀퉁이에는 그곳에 자리 잡고 있다가 죽은 시체로 가득했다. 무슨 일이 일어날지 모르는 나머지 사람들은 종교나 법에서 요구하는 규율에 무관심할 수밖에 없었다…… 신을 향한 경외심이나 법에 대한 두려움도 아무런 통제력을 발휘하지 못했다. 선인이나 악인이나 상관없이 무차별 죽어가는 모습을 보며 사람들은 신들을 숭배하거나 말거나 다 똑같다고 생각했다.

교회사 2천년이 흐르는 사이에도 전염병의 폭풍이 몰아친 적이 몇 번 있었다. 이제 시계를 로마시대로 돌려 보자.

전염병의 첫째 사례는 165년 겨울에 생겼다. 마르쿠스 아우렐리우스(Marcus Aurelius, 121~180)라고 고등학교 교과서에 《명상록》의 저자로 널리 알려진 황제가 있다. 그가 다스리던 시절 근동 실루기아에서 발병한 역병이 15-6년(165-180년) 동안 로마제국 전체로 퍼졌다. 이를 가리켜 안토니우스 역병(Antonine Plague)이라 부르기도 하고, 이 병의 확산을 목격하고 기록한 그리스 의사의 이름을 따 갈레노스 역병(Plague of Galen)이라고도 한다. 이 역병의 치사율은 매우 높았다. 기독교 박해에 앞장섰던 로마 황제 아우렐리우스도 180년 3월 이 역병으로 사망했다. 당시 로마제국 인구의 1/4~1/3이 목숨을 잃었다.(Gilliam 1961; McNeill 1976; Russell 1958; Stark, 기독교 승리의 발자취 173) 미국의 세균학자이자 의사인 한스 진저(Hans Zinsser, 1878-1940)에 따르면 아우렐리우스 황제는 시신을 실어 나르는 마차의 행렬에 관한 기록을 남겼다. 그는 "사망자가 아주 많아 이탈리아의 도시와 마을이 비고 황폐화되었다"고 했다.(Stark 174; 기독교의 발흥, 120)

그로부터 약 100년 뒤 두 번째 역병이 로마제국을 휩쓸었다. '키프리아누스 역병'이라고 불리는 이것은 249년부터 262년까지 11년 동안 계속되었다. 당시 사람들은 천연두나 홍역에 대한 면역력이 없었다. 그때 로마시에서만 하루 5천명이 죽었다. 알렉산드리아에서는 인구의 3분의 2가 줄었다고 여겨진다.(보우크 A. Boak; 스타크, 121) 당시 알렉산드리아 주교 디오니시우스(Dionysius)는 그곳에서 벌어지는 일들에 관해 이렇게 묘사했다.(Stark 174)

역병이 처음 발생했을 때 그들(이교도들)은 환자들을 내쳐버렸다. 가족들을 버리고 피신했다. 그들은 아직 죽지도 않은 환자들을 길에 내다 버렸으며, 매장하지 않은 시신들을 오물처럼 취급했다. 그렇게 해서라도 그들은 역병의 확산과 감염으로부터 도망하려했으나, 별짓을 다해도 효과가 없었다.

이런 때 교회와 성도는 어떻게 대처했을까? 알렉산드리아의 감독이었던 디오니시우스는 "이교도들은 처음 질병이 발생하자 아픈 자를 내쫓았고, 가장 가까이 있는 자들이 먼저 도망쳤고, 병든 자가 죽기도 전에 거리에 버려지고 매장하지 않는 시신을 흙처럼 취급했다. 이렇게 해서 치명적인 질병의 확산을 막고자 했으나 아무리 몸부림쳐도 도망치기 어려웠다"고 기록했다. 그러면서 그리스도인들은 이교도와 달랐다고 했다. 당시 교회와 성도들은 전염병에 걸린 이들을 사랑으로 보살폈고 다시 회생할 수 있도록 최선을 다했다.

키프리아누스 주교는 "우리가 단지 그리스도인만을 소중히 여기고 우리끼리만 자비를 베푼다면 그것은 놀라운 일이 아니다. 세리나 이교도들과 달리 선으로 악을 이기고, 하나님께서 관용을 베푸신 것 같이 관용을 베풀고, 원수조차도 사랑하며, 주님께서 권고하신 대로 핍박하는 자의 구원을 위해서 기도한다면 우리는 온전하게 될 것이다.

하나님께서는 변함없이 태양을 떠오르게 하시며, 비를 내리셔서 씨앗들을 기르신다. 이 모든 선하심을 주님의 백성에게 보이실 뿐만 아니라 이방인들에게도 베푸신다. 만일 누가 스스로 하나님의 자녀라고 고백한다면 그 사람은 아버지를 본받아야 함이 마땅하지 않은가?"(이상규, 헬라로마적 상황에서의 기독교)

역병이 절정에 달하던 260년 부활절에 교부 디오니시우스는 이렇게 설교했다.

우리 형제자매 그리스도인 대부분은 무한한 사랑과 충성심을 보여 주었으며 조금도 몸을 사리지 않고 상대방을 배려하는 데 온 힘을 쏟았습니다. 그들은 위험을 무릅쓰고 아픈 자를 보살폈고, 그들의 모든 필요를 채워 주었고 주님 안에서 그들을 섬겼습니다.

성도 가운데 어떤 이들은 평안과 기쁨 속에서 병자들과 함께 생을 마감했습니다. 환자를 돌보다가 병에 감염되자 그들은 아픔을 받아들이고 고통을 감내했습니다. 많은 성도가 병든 이들을 기독교인 이교도를 가리지 않고 간호하고 치료하다가 죽음을 맞았습니다.

이런 모습을 가리켜 성 아우구스티누스는 '사랑은 영혼의 손(Love is the hand of the soul)'이라고 했다. 이리하여 세상 사람들은 당시 기독교인들을 가리켜 파라볼라노이(παραβολάνοι) 곧 '위험을 무릅쓰는 자들'이라고 불렀다.

그 결과는 어떻게 나타났을까? 성도들 중에는 병든 자를 간호하고 도움을 베풀다가 같은 병에 걸려 죽기도 했다. 그런데도 천국을 믿는 그들은 즐겁게 평안하게 죽음을 받아들였다. 당시 모든 치료가 중단된 상태에서 아주 기본적인 간호만으로도 사망률을 현저히 낮출 수가 있었다. 가족들마저 자기를 버리고 피신하는 바람에 굶고 지내던 환자가 많았는데, 물과 음식을 제공하는 것만으로도 건강을 회복하는 이가 많았다.

당시에는 의술도 발달하지 않았고, 의료진도 절대 부족한 상태였기에, 오늘날과는 기독교인들이 나서서 환자를 돌볼 수 있었다. 그 효과도 아주 컸다.

역병 앞에서 자기만 살겠다고 부모형제도 버리고 도피했던 이교도들에 비해 기독교인의 생존율이 월등히 높았다. 또 성도들이 베푼 형제자매 사랑을 보고 사람들이 감동을 받아 로마제국이 박해하는데도 아랑곳없이 기독교로 개종했다. 나중에 로마가 기독교를 국교로 채택하고, 유럽사회가 기독교화 된 것은 '예수 천당, 불신 지옥'이라는 구호로 이루어진 것이 아니다. 그것은 천국과 영생을 믿으며 자기가 전염병에 걸려 죽을 수도 있다는 위험을 감수하면서까지 이웃을 자기 몸처럼 사랑했던 성도에게 하나님께서 주신 놀라운 선물이었다. 하나님은 야베스가 기도드린 그대로 '지경을 넓혀'주셨다.

비잔티움 제국 유스티니아누스 시대(527-565) 발생한 역병도 큰 흔적을 남겼다. 이것은 2세기를 넘겨가며(541-750년) 아주 길게 인간을 괴롭혔다. 이를 가리켜 유스티아누스 역병(Justinian's Plague)이라 부른다.[42]

14-16세기에 중세를 몰아친 페스트는 감염병 역사에서 빼놓을 수 없다. 이로 인해 당시 유럽인구의 1/3에 해당되는 2천5백만~3천 5백만이 희생되었다. 1353년 피렌체에 살던 보카치오는《데카메론》를 썼다. 피렌체에는 1348년부터 페스트가 퍼졌다. 이 책 서두에서 그는 가래톳이 솟고 반점이 퍼진 지 사나흘 만에 죽음에 이르는 이 병을 묘사했다. 그리고 젊은 남녀 10명이 흑사병을 피해 시골로 피신하여 살며 나눈 이야기 형식으로 100편의 글을 실었다.

취리히에도 흑사병이 돌았다. 이로 인해 그 도시 인구의 1/4~1/3이 죽었다. 그곳에서 목회하던 종교개혁자 울리히 츠빙글리도 이 병으로 자녀를 잃었다. 그는 매일 병자들을 돌보다가 자기 자신이 그것에 감염되어 죽다가 살아났다.(1519년 9월 말 - 11월 중순) 그때 그는 "페스트의 노래"를 썼다. 그 가운데 두 번째 소절 일부분이다.

---

42) 이상동. 유사이래 최초의 팬데믹 – 유스티니아누스 역병, 역사비평 (2020. 9) 98–120

함께 하소서, 주 하나님, 함께 하소서

병세가 더 심각해졌습니다.

통증과 압박이 사로잡습니다,

내 영혼과 육체를.

그러므로 나에게 오소서

저의 유일무이한 도움이시니,

은혜로

얽매이는 것으로부터 확실하게 구원하소서……

이제 마지막이 다가옵니다.

제 혀는 침묵하고

말도 거의 하지 못합니다.

저의 육신의 감각은 거의 마비되었습니다.

이제 시각이 다가왔습니다,

주님이 저의 투쟁을 인도하실 때가.

저는 힘이 부족합니다,

미친듯이 질주하는 악마에게 저항할.

그렇더라도 내 영혼은

주님에게만 신실하게 머뭅니다, 주님이 그리하셨듯이.

마틴 루터는 1527년 〈치명적인 흑사병으로부터 피할 수 있을까〉

라는 글을 발표했다.[43] 이것은 그가 브라스라우에서 목회하는 요한 헤스 목사에게서 그런 병이 생길 때 그리스도인이 도망치는 것이 적절한가 라는 물음을 받고 대답한 것이다. 당시 기독교인 가운데 전염병은 하나님께서 내린 벌이기에 도피해서는 안된다고 주장하는 사람들이 있었다. 이에 루터는 말한다.

> 집에 불이 났을 때 하나님의 심판이라며 가만히 있어야 하는가? 물에 빠졌을 때 하나님의 심판이라며 수영하지 말고 죽어야 하는가? 다리가 부러졌을 때 의사에게 도움을 받지 않고 '이것은 하나님의 심판이니 참고 견뎌야 해'라고 할까? 그렇다면 당신이 배고플 때 왜 밥을 먹고, 목마를 때 왜 물을 마시는가? 이제 우리는 '다만 악에서 구하옵소서'라고 기도드리지 말아야할까? 만일 어떤 사람이 불이나 물이나 고통에 빠져 있다면 나는 기꺼이 거기 뛰어들어 그를 구할 것이다.

그가 살던 빗텐베르크에 흑사병이 발생했을 때 선제후 요한은 그 대학교 교수들에게 피하라고 명령했다. 그런데도 마틴 루터와 요하네스 부겐하겐 목사는 거기를 떠나지 않으면서 성도와 환자를 보살폈다. 그러면서도 만일 그들을 돌볼 다른 목회자가 있다면, 굳이 위험에 노출되지 말고 위험지역을 떠나는 것도 잘못된 것이 아니라고

---

43) 종교개혁자들의 활동과 입장에 관해서는 박경수, 흑사병에 대한 종교개혁자들의 태도, in: 재난과 교회 - 코로나9 그리고 그 이후를 위한 신학적 성찰 69-83에 많이 의존했다.

했다. 루터는 순교를 각오할 정도로 강한 믿음의 소유자는 전염병에 맞서 이웃을 보살피는 것이 훌륭한 일이더라도, 그런 태도를 모든 사람에게 강요하거나, 그러지 못하는 사람을 믿음이 약한 자라고 정죄하는 것은 옳지 못하다고 보았다.(박경수 74)

당시 전염병에 걸리고도 약품을 사용하지 않거나 위험장소를 피하지 않으면서 자신이 강한 믿음의 소유자라고 하는 사람들이 있었다. 그는 그들을 향해 그런 태도는 하나님을 신뢰하는 것이 아니라 시험하는 것이라고 했다. 그는 말한다.

하나님의 작정 안에서 악한 자가 독과 치명적인 병을 퍼뜨렸다. 그러므로 나는 하나님께서 자비를 베푸셔서 우리를 지켜달라고 기도드릴 것이다. 그리고 나는 소독하며 공기를 정화하고, 약을 지어 먹을 것이다. 나는 내가 꼭 가야만 하는 장소나 꼭 만나야만 할 사람이 아니라면 피할 것이다. 이렇게 나는 감염을 예방할 것이다. 혹시라도 나의 무지나 태만으로 이웃을 죽게 해서는 안 되기 때문이다. 만일 하나님께서 나를 데려가기 원하신다면 나는 당연히 죽더라도, 내 자신의 죽음이나 내 이웃의 죽음에 내가 책임져야 할 일은 없으리라. 그러나 만일 이웃이 나를 필요로 한다면 나는 누구든 어디든 마다하지 않고 달려갈 것이다.

추측컨대 장 깔뱅은 어린 시절 흑사병으로 자기 어머니를 잃은 것 같다. 그가 청소년 시절 파리의 누이 댁으로 가 공부한 것도 당시 흑사병이 퍼지던 고향 누아용을 피한 것으로 보인다. 1538년 스트라스부르크로 쫓겨난 깔뱅은 거기서도 흑사병에 걸린 환자를 돌보았다. 1541년 제네바로 돌아온 이듬해 흑사병이 발생하자 그는 환자들을 돌보겠다고 나섰다. 그러자 제네바 의회는 당시 교회개혁에 중추적인 역할을 하는 깔뱅이 위험에 처해서는 안된다며 만류했다. 그런 사정이 그가 로잔에서 목회하는 동료 삐에르 비레에게 보낸 편지에 나타나 있다.

흑사병이 여기저기서 놀라운 기세로 시작되었습니다. 감염된 사람들 가운데 단지 몇몇 사람만 목숨을 건졌습니다. 우리 동료 가운데 삐에르 블랑셰가 환자들을 돌보겠다고 자원했습니다. 우리는 잠잠히 그것을 받아들였습니다. 만일 그에게 무슨 일이라도 생긴다면 내가 그 위험을 감수해야 하리라는 생각에 두렵습니다.

당신도 알다시피 우리는 모두 서로에게 빚을 진 사람입니다. 그러므로 목회 사역에서 무엇인가를 해야 할 필요가 있을 때 우리는 다른 어떤 사람보다도 빠져서는 안됩니다…… 목회자가 목회사역을 할 때 감염될지도 모른다는 두려움 때문에 도움을 절실히 필요로 하는 곳에서 자기 임무를 다하지 않는다면 그 어떤 핑계도 통하지 않을 것입니다.

칼빈을 도와 제네바의 종교개혁운동을 이끌었던 사람들 중에 테오도르 베자(1519-1650)가 있다. 그는 1548년 시 모음집 '유베닐리아'(Juvenilia)를 출간했다. 이 책은 그를 유명한 라틴 시인의 반열에 올려놓았다. 그때 그에게 흑사병이 찾아왔다. 그 질병을 겪어내는 과정에서 그는 시인이 되고자 하던 꿈을 접고 제네바에 있는 자기 친구 깔뱅을 찾아가 신학자이자 목회자가 되어 종교개혁운동에 헌신했다.

1568-71년 흑사병이 제네바에 다시 밀어닥쳤다. 당시 제네바 인구의 1/4이 목숨을 잃었다. 베자의 형제인 니콜라스도 이때 죽었다. 그는 자신이 학장으로 있는 개혁교회 최초의 신학교인 제네바 아카데미의 문을 닫았다.

당시 제네바 의회는 환자들을 돌볼 목회자를 선정하려고 제비를 뽑았다. 목사회의 대표였던 베자는 처음에 거기서 제외되었다. 그러자 그는 '가련한 병자를 돌보는 일은 목회 사역에 포함된 의무다'라고 하며 자기도 제비뽑기에 포함시켜 달라고 의회를 설득했다. 이때 그는 한 사람에게 특혜를 주는 것은 목회자의 동등성이라는 개혁교회 원칙을 위반하는 것이라고도 했다.

1579년 그는 《흑사병에 관한 질문들》이란 책을 냈다. 거기서 그는 흑사병이 하나님의 형벌이므로 피하거나 예방하려 들어서는 안된다는 주장을 반박했다. 그는 비록 흑사병이 하나님의 주권에서 비롯되었더라도 하나님께서 허락하신 수단 이를 테면 약이나 의술 같은 것으로 치료받아야 한다고 했다. 그리고 경건과 사랑의 의무를 성취하는 범위 안에서 '빨리 (달아나고) 멀리 (피하고) 늦게 (돌아오는)'를 질병에 대처하는 가장 효과적인 전략으로 보았다. 그는 목회자는 병자를 무조건 돌보아야 하는 의무를 진 동시에 공적인 직무를 맡은 자로서 자기 자신을 지키는 것도 의무라고 했다.

베자는 병의 원인을 놓고 논쟁하기보다는 인간의 죄에 대한 벌로 그 병을 내리신 하나님의 뜻을 헤아리며, 성도를 어떻게 회개의 자리로 이끌지, 그리고 하나님께서 허락하신 그 자리에서 어떻게 다른 사람을 사랑하고 그들에게 자비를 베풀도록 독려할지에 집중하라고 조언했다.

우리 시대에도 전염병은 계속 발병하여 생존에 심각한 위협을 가하고 있다. 가까운 예를 들면 1918년 스페인 독감, 1957년 아시아 독감, 1968년 홍콩 독감, 2002-2003년 사스, 2003-2009년의 조류독감, 2009년의 신종플루, 2015년의 메르스, 그리고 지금 한창 기승을 부리는 코로나19(Coronavirus Disease-19 = COVID-19)이다.

시경(詩經)은 "부유한 사람은 그나마 괜찮지만, 외로운 사람들이 애처롭다."고 했다. 주(周)나라 문왕(文王)은 궁색하게 살면서 어디에 하소연할 곳도 없는 네 부류의 사람들(홀아비, 과부, 고아, 홀몸노인)의 생활을 돌보는 일을 우선시하는 태도를 왕도정치(王道政治)의 근본으로 삼았다. 코로나19 시대에 교회의 역할도 이와 같다.

우리 시대 사람들은 자기 욕망을 노골적으로 드러내는데 부끄러
움을 느끼지 않는다. 이런 경향은 인류 역사상 처음 있는 일이다. 이
런 태도를 현대인의 특징이라 해야 할까? 심지어 종교마저도 인간
의 욕망을 긍정적으로 평가한다. 우리는 '형제들아 너희는 각각 부
르심을 받은 그대로 하나님과 함께 거하라'(고전 7:24)는 말씀을 받
아들이는 대신에 욕망의 실현에 신앙의 옷을 입힌다.

인간이 생태계에 미치는 영향력이 커진 현실에 주목하는 사람들
은 지금의 시대를 홀로세(Holocene)가 아니라 인류세(Anthropocene, 人
類世)라고 한다.[44] 이 말은 인류를 뜻하는 'Anthropos'와 시대를 뜻
하는 'cene'가 합쳐진 말이다. 이는 인류로 인해 빚어진 새로운 지질
(地質)시대를 가리킨다. 유진 스토머(E. Stoermer)가 이 말을 1980년
대 제안한데 이어 네덜란드의 대기화학자 크뤼천(P. Crutzen)이 2000
년 지질학회에서 이를 다시 꺼내들었다. '세'란 지구의 지질시대를

---

44) "과학자들이 추정한 지구의 역사(지질시대)는 약 46억 년이다. 지구연대학에서는 지질시대를
크게 누대(累代, eon), 대(代, era), 기(紀, period), 세(世, epoch)로 구분한다. 누대(이언)는 명왕누대,
시생누대, 원생누대, 현생누대 순이며 가장 최근인 현생누대는 고생대와 중생대, 신생대로
구분한다. 신생대는 약 6,550만 년 전에 시작되었으며 현재 지구의 모습이 갖춰진 시기로
추정한다. 이 시기부터 포유류와 속씨식물이 번성했으며 현재의 생물 대부분이 출현했기
때문이다. 신생대는 다시 고(古)제3기와 신(新)제3기, 제4기로 구분하며 그중 홀로세는 제4기의
마지막 지질시대에 해당한다." - 다음백과에서 가져옴.　　(https://100.daum.net/encyclopedia/
view/47XXXXXd1172)

구분할 때 쓰는 용어다. 인류세란 말은 인간에 의해 지구의 기후와 생태계가 변하는 시대를 가리킨다. 곧 인간의 활동의 부작용으로 종이 멸종하고(생물의 개체수가 지난 40년간 평균 58% 감소), 기후위기가 닥치며, 바다가 산성화되고 산소가 부족해 생물이 살지 못하는 데드존이 생기는 것 등 주로 생태계 파괴와 관련되어 있다. 한마디로 20만 년 전에 등장한 인간이 46억년 이상 된 지구를 망치고 있다는 것이다.

어떤 사람들은 인류세를 그 반대로 전망한다. 인류가 호모 사피엔스에서 신종(神種)인 호모 데우스(Homo deus)로 진화해 파괴된 환경을 되돌리고 인간이 이 땅에서 영원히 살게 될 수도 있다고 한다.

크뤼천은 산업혁명부터 인류세가 시작되었다고 한다. 대다수 사람은 그 시작을 산업혁명이 완성된 1950년부터로 잡는다.

앞서 살펴보았듯이 전염병은 환경오염(생태문제)과 간접적인 관계는 있을지라도 곧바로 직결된 것이 아니다. 오늘날 코로나19 상황을 곧바로 생태계 문제에 곧바로 접목시키는 시도는 성급하게 보인다, 비록 전염병과 생태문제를 분리시킬 수는 없더라도. 고대와 중세 사회에서 창궐했던 전염병은 생태계 문제보다는 위생의 문제와 밀접한 관계가 있었을 것이다.
나는 전염병의 창궐은 기본적으로 생태계 문제라기보다는 i) 인간의 근본적인 피조성, 곧 연약한 존재라는 사실에서, ii) 자신의 피조물의 한계를 넘어서는 욕망을 실현하고자는 욕심에서 기인하다고 조심스럽게 진단해 본다. 코로나19는 인간이 신종(home deus)이라는 주장을 말짱 허풍으로 만들어놓고 있다.

무너진 교회들

교회(정확히 말하자면 교회당), 수도원(또는 수도원 건물)이 파괴당하 거나 무너지는 일은 교회사 2천년 동안 여러 차례 있었다. 지진이나 태풍 홍수도 그 원인들 가운데 하나다. 여기서는 그런 경우는 빼놓 기로 한다.

교회가 인간사회와 역사의 발전에 이바지하지 못하고 오히려 역 주행할 때 다시 말해 공교회성을 잃어버렸을 때 하나님은 교회가 파 괴당하는 것을 그냥 두고 보셨다.

그 대표적인 예는 클뤼니 수도원(프랑스)과 빌헬름황제 기념교회 (Kaiser-Wilhelm- Ged　chtniskirche 독일 베를린)이다. 이 둘은 오늘날 제 역할을 하지 않는 교회(구체적으로는 성직자와 성도)에게 울리는 경종 이다.

1) 클뤼니 수도원

클뤼니 수도원은 18세기 말부터 19세기에 걸쳐 위그노 및 프랑

스혁명을 거치며 거의 파괴되었다. 그 가운데 일부분만 겨우 보존되었을 뿐이다. 그 수도원 자체가 사람들에게 구제도(Ancien Régime)로 여겨졌다. 수도원 안에 있던 광범위한 도서관과 기록 보관소는 1793년 불탔으며 교회는 약탈당했다. 수도원의 부동산은 1798년 2,140,000프랑에 매각되었다. 그 후 20년 동안 수도원의 거대한 성벽은 마을의 재건을 위한 돌로 마구 채석되었다.

12세기에 완성된 수도원의 대교회는 교회당 안에 1200여개의 기둥이 서 있고, 그 길이 187미터, 폭이 77미터에 달했다. 이 건물은 17세기 초 로마의 성 베드로 대성당이 완공 될 때까지 그리스도교 국가 안에서 가장 큰 교회였다.

16세기 종교개혁운동과 그 뒤에 일어난 종교전쟁 시기 (위그노전쟁; 1562-98년까지 약 50년간)에 클뤼니수도원은, 다른 수도원들이 그랬던 것처럼, 크게 파괴되었다. 위그노파들이 1563년과 1575년 두 차례에 걸쳐 이곳을 쑥대밭으로 만들었다. 그 뒤 수도원은 이전의 모습을 되찾지 못하였다.

이 수도원이 결정적으로 수난을 당한 것은 프랑스대혁명 때 일이다. 혁명세력들은 평소 이 수도원을 향해 평민들이 품고 있는 반감을 이용하여, 도저히 회복될 수 없을 정도로 이 수도원을 파괴시켰다. 1790년 2월 국회를 통과한 법령 따라 수도원은 해체되었고, 마지막까지 남아있던 수도사 40여명은 1791년에 축출되었으며, 수도원 토지 등 재산은 몰수되었다. 수도원의 가구, 묘지, 묘비 등은 혁명세력에 의해 파손되거나 불태워졌다. 당시 의원 의원이자 수도원장이던 로크프콜(La Rochefoucauld)는 특권과 시민권을 박탈당한 채 독일로 망명하였다가 1800년 거기서 죽었다.

수도원몰락으로 줄어든 세금수입을 보충하려고 클뤼니 시는 도시계획을 정비했다. 1789년 이 수도원 전체를 사들인 시는 거대한 수도원 교회 (Cluny III)를 대부분 허물어 버렸다. 시는 고전적인 회랑 (回廊 Kreuzgang)을 시장터로 바꾸고, 교회당의 서쪽 부분을 도심지로 만들었다. 시는 5번째와 여섯 번 구획 사이에 시립 종마장을 만들어 말을 키우게 하였다. 그래서 20세기 초까지 사람들 기억 속에 수도원 모습이 종적을 감추고 말았다. 그러던 것이 오늘날의 모습 정도로나마 복원된 것은 1928년부터 미국 고고학자인 커넨트

(Kenneth John Conant) 덕분이다. 지금 남아있는 부분은 Cluny III 시대(위 그림 참조)의 약 10%뿐이다.

본디 이곳은 중세 때 클뤼니 개혁이라는 이름 아래 중세교회의 부정부패를 바로잡고 건강한 교회를 세우는 터전이었다. 수도원이 전개한 개혁운동은 특히 오딜로가 원장 (Abt Odilo von Mercocur 994-1049)이던 시절에 강력히 추진되었다. 그때 클뤼니 수도원은 독일, 스위스, 이태리, 스페인, 영국, 폴란드까지 미치는 약 800여개의 지부를 전 유럽 지역에 세워나갔다. 그 결과 교황도 여러 명 배출했고, 사람들의 신망도 높았다. 한때 그랬던 클뤼니 수도원은 개혁의 주체에서 개혁의 대상으로 전락한 것이다. 이런 사례는 역사 안에서 수 없이 찾아볼 수 있다.

2) 빌헬름 황제 기념교회

독일에 처음 갔을 때, 마인츠 시내 한복판에 흉물스러운 건물 하나가 방치되어 있었다. 이상하게 여기며 다가가 살펴보니, 1240-1330 사이에 세워진 유서깊은 교회당 건물이었다. 성 크리스토프 교회라 부르는 이곳에서 금속활자를 발명한 요하네스 구텐베르크가 세례를 받았다고 한다. 이 교회는 1945년 2월 27일 미군의 폭격으로 파괴당했다. 마인츠 시는 이것을 제3제국(나치정권)의 죄를 기억하기 위한 장소로 남겨두었다.

성 크리스토프 교회당 내부(마인츠)　　　깨어진 채 녹슬어가는 구텐베르크 기념상

빌헬름 황제 기념교회(베를린)

2차 세계대전 당시 미국은 독일 전역에 비행기 폭격을 가했다. 그 과정에서 많은 교회들이 파괴당했다. 지금도 주요 도시마다 그런 것 하나 둘이 파괴당한 모습 그대로 보존되고 있다. 그런 교회당들 가운데 대표적인 예가 황제 빌헬름 기념교회다.

우리는 프로이센의 황제들을 제멋대로 권력을 휘두르는 절대군주와 비교하여 계몽된 군주라고 부른다. 그 가운데 황제 빌헬름 2세가 자기 할아버지 황제 빌헬름 1세를 기념하려고 이 교회를 세웠다. 그는 자기 할아버지 생일인 1891년 3월 22일에 주춧돌을 놓았다.

이것은 1943년 영국의 폭격을 받아 크게 파괴되었다. 현재의 교회 건물은 파손된 첨탑을 그대로 둔 채 1959~1963년 새로 지었다.

과거 나치가 독일을 다스릴 때, 교회가 어떤 태도를 취했는지 우리는 잘 알고 있다. 나치에 협력하는 한 교회는 하나님과 성경에 충실할 수 없었다.

인심을 잃은 교회와 성도, 사회 일반의 상식보다 수준이 떨어지는 언행을 하는 교회와 성도는 살아남기 어렵다. 《서경(書經)》은 "하늘이 내린 재앙은 그래도 피할 수 있더라도, 스스로 만든 재앙은 피할 길이 없다."고 했다. 예수님은 예루살렘 성전을 보시며 말씀하셨다.

> 예수께서 이르시되 네가 이 큰 건물들을 보느냐 돌 하나도 돌 위에 남지 않고 다 무너뜨려지리라 하시니라(막 13:2; 마 24:2; 눅 21:6 참조)

코로나19 시대 지금 신학자와 목회자는 교회 안에서 스스로 재앙을 만들고 있지 않은가 돌아볼 때다. 지금은 하나님을 믿는 우리 자신이 누군가로 하여금 하나님과 거리를 두게 만드는 사람이 아닌지 가슴에 손을 얹고 기도드릴 때다.

이것은 교회와 성도를 비난하기 위한 것이 아니다. 비록 교회 안에 여러 가지 연약하고 부정적인 모습이 있더라도 교회는 어디까지나 그리스도의 교회다. 이 사실을 직시하면서 지금의 현실에 주저앉는 대신에 다시(again) 시작하면, 반드시 얻어야 할 것을 얻으리라.(gain) 이런 전제 아래 우리는 10여 개월 진행되는 코로나19 상황에서 우리 자신이 해 온 것과 하고 있는 것과 할 것을 진지하게 성찰해야 하리라.

조선시대의 전염병 대처

조선시대에는 전염병을 온역이라 불렀다. 온역은 급성 유행성 열병을 통틀어 일컫는 말이었다. 《고려사》에도 숙종 5년(1100)에 제사를 통해 온역이 제거되기를 빌었다는 내용이 기록돼 있다. 이것이 발생하면 조선 정부는 먼저 환자들을 차단 및 격리하고, 이후 재정적 여유가 있으면 의약품과 의서를 전국에 보급했다.

조선에는 전염병 전문 기구인 '동서활인서'(活人署)가 존재했다. 활인서는 고려의 중앙 의료기구인 동서대비원을 계승한 치료 및 구휼 담당 기구다. 이것은 특히 온역에 대처하는 일을 주요 과제로 삼았다. 물론 이것이 상설기구가 아니라 전염병이 발생하면 임시로 천막을 설치해 환자들을 치료하고 구휼했다. 조선 후기로 올수록 그 활동은 재정 문제로 미미했다.

조선시대에는 '두창(痘瘡 천연두)'과 '마진(痲疹 홍역)'을 아울러 '두진'이라 일컬었다. 《삼국유사》에는 두창이 중국에서 유입되었다고 했다. 이것은 조선시대까지도 명확한 치료법이 없어 지배층과 피지배층을 가리지 않고 두려움에 떨게 했던 질병이었다. 보통 사람들은 두창을 귀신이 퍼뜨린다는 말을 믿었다. 그들은 두창을 퍼트리는 귀신을 달래고 배웅하기 위해 굿을 했다.

두창과 마진의 치료법은 중국에서 연구되던 '종두법'이었는데 종두법은 예방 접종의 시초로 인체에 두창 바이러스를 심는 방식의 치료법을 뜻한다. 당시는 예방 접종의 개념이 자리 잡기 전이었기에 종두법은 정식 치료법으로 받아들여지지 않았다.

허준이 《동의보감(東醫寶鑑)》을 내자마자 『신찬벽온방』과 『벽역신방』을 펴낸 것도 전염병 퇴치가 그만큼 중요했다는 뜻이다.

다산 정약용(1762-1836)은 샤머니즘적 치료 대신에 의학적 치료법을 연구 도입했다. 그는 어릴 때 천연두의 일종인 완두창(豌豆瘡)을 앓아 눈썹에 흉터가 있었다. 그때 일로 눈썹이 세 갈래로 갈라졌는데 그 모양을 본 따 호를 삼미자(三眉子)라고도 했다. 그는 중국과 우리나라의 많은 의학 서적을 참고해 1798년 의학서 《마과회통(麻科會通 1798)》을 냈다. 이것은 이헌길의 '마진기방'을 계승, 발전시킨 것이다. 1801년 그는 신유옥사(辛酉獄事)에 연루되어 장기(지금의 포항)로 유배가 있으면서 《촌병혹치(村病或治)》라는 의서를 썼다. 이는 시골 사람들이 변변한 의술의 혜택을 보지 못하는 것을 안타까워하며 쉽게 구할 수 있는 약을 중심으로 만든 간단한 의서다.

그가 자기 자녀 9명 중 6명을 각종 질병으로 잃는 과정에서 의술에 관심을 기울였나 보다. 두창(천연두)과 마진(홍역) 치료를 목적으로 한 이 책은 원증편(原證篇), 인증편(因證篇), 변사편(辨似篇), 자이

편(資異篇), 아속편(我俗篇), 오견편(吾見篇), 합제편(合劑篇) 등 7장으로 되어 있다.

이에 세밀하게 나누고 유별로 보아 눈썹처럼 정연하고 손바닥을 보듯 쉽게 하여 환자들이 책을 펴면 처방을 구하고 찾기에 번거롭지 않게 하였다. 무릇 다섯차례 초고를 바꾼 뒤에 책이 비로소 이루어졌으니, 아아 몽수가 아직까지 살아있다면 아마 빙긋이 웃으며 흡족하게 생각할 것이다. 《마과회통》〈서문〉

그는 두진의 발병을 한 해의 운세로 따지는 '운기론'과 두진 치료를 위해 개똥과 날 가재를 섭취하는 풍속을 비판했다. 그는 두진을 의학적으로 설명하고 치료하기 위해 복중에서 태아가 섭취하는 어머니의 독인 태독을 두진의 주요한 원인으로 꼽았다. 정약용은 태독을 인위적으로 신체에 넣는다면 태독을 순하게 신체 밖으로 내보낼 수 있다고 생각해 중국의 종두법을 처음으로 조선에 들여왔다. 정약용이 제시한 초기 종두법인 '인두법'은 환자의 환부에서 최상급의 상처 딱지를 가려내 빻은 다음 코로 흡입하거나 환자의 의복을 입는 식으로 진행됐다. 예방 접종의 효과는 있었으나 위험도가 높은 치료법으로 실험적인 성격을 띠었기에, 정약용의 연구는 국가의 공식적인 치료법으로 받아들여지지 못했다. 그는 샤머니즘적 치료법 대신 의학의 영역에서 두진의 치료법을 지속적으로 연구했고 이는 후대의 연구에 도움을 주며 많은 백성의 목숨을 살렸다.

영조 51년(1775년) 마진(홍역)이 크게 유행했다. 그때 몽수 이헌길은 한양을 방문하다가 마진으로 죽어가는 사람들을 보았다. 당시 상복(喪服)을 입고 있던 그는 '나는 병을 고칠 수 있는 의술을 가지고 있는데도 예법에 구애되어 모른 체하고 떠나간다는 것은 불인(不仁)한 것이다.'고 말하며 친척집에서 진료를 시작했다. 그해 그는 홍역 치료의 지침서인《마진방기(痲疹奇方)》를 편찬했다.

하멜은 17세기《하멜 표류기》에서 조선 사람들이 병에 걸리면 장님이나 점장이(무당)를 찾는다고 했다. 의원을 향한 기대치가 조선시대에는 매우 낮았다. 그 시대에는 의원이 되기가 쉬웠다. 정해진 자격요건도 없었고 공부해야 하는 과목도 없었다. 글을 아는 사람은 누구나 의서 몇 권만 읽고도 의원 노릇 할 수 있었다. 사람들은 의원에게 기대를 많이 하지 않았다. 고칠 수 없는 병이 많다는 걸 잘 알았고, 치료받던 환자가 사망해도 어쩔 수 없다고 받아들이며 넘어가는 일이 많았다.[45] 이런 때 활약한 이헌길에 관해 다산 정약용은《마과회통》〈서문〉에서 이렇게 밝혔다.

근세에 이헌길이라는 사람이 있는데 명예를 바라지 않고 오로지 사람 살리는데 뜻을 두고 마진서를 공부했다. 그가 구한 어린 생명은 만여 명에 이르고 나도 또한 그 덕분에 살아날

---

45) 신동원. 호열자 조선을 습격하다. 역사비평사. 2004

수 있었다. 이에 그 덕에 보답하고자 이헌길의 마진기방(麻疹
奇方)을 비롯하여 중국의서 수십 종을 얻어 그 조례를 소상히
밝힌다.

1790년 박제가는 인두법을 처음, 1835년 정약용은 우두법을 처
음 사용했다.(또는 처음 그 개념을 받아들였다) 그런데도 그것들은 널리
이용되지는 않았다. 정약용을 비롯한 실학자 다수가 천주교인이라
는 점과 당파싸움이 종두법의 보급을 가로막았다.

우두를 이용한 종두법은 1848년 네덜란드로부터 일본에 소개되
었으며, 1876년 7월 조선 수신사로 일본에 갔던 김기수 일행이 조
선으로 들여왔다. 김기수 일행을 수행한 박영선이 동경에서 일본인
의사로부터 받은 종두법에 관한 책을 지석영(池錫永 1855~1935)에게
전했다. 그는 부산 제생의원에서 종두법을 습득한 후 보급하기 시작
했다.

천연두는 옛날에 마마(媽媽) 또는 손님이라고 불렸다. 1979년에
세계보건기구(WHO)에서 근절(다시 살아날 수 없도록 뿌리째 없애 버림)
됐다고 선언한 전염병이다. 한때 전 세계 전체 사망원인의 10%를
차지할 정도로 무시무시한 전염병이었다. 한국전쟁 기간인 1951년
우리나라에서만 1만 명의 천연두 환자가 발생했다. 이것을 가볍게
앓은 사람의 피부에는 얕은 흠이 생기고, 심하게 앓은 사람의 얼굴

에는 흔적이 남곤 했다.

전염병이 19세기말 전후 조선을 휩쓸었다. 특히 개항과 함께 콜레라(호열자)와 천연두(두창) 말라리아(학질)가 계속 창궐했다. 콜레라는 1821-1910년 사이에 10 차례 정도 발생했다. 그것에 걸리면 대개 3일 만에 사망했으며, 사망률이 80%에 달했다. 1886년에는 한양에서 두 달 만에 6천명 이상이 그것에 희생되었다. 알렌은 1886년 7월 2일 '콜레라 유행 매우 심각'이라는 메모를 남겼다.

그때 서구의 개신교 선교부는 의료선교에 무게를 두고 조선인과 만났다. 알렌 선교사가 명성황후의 동생 민영익을 치료한 뒤(1884년) 의료선교가 직간접적으로 시작되었다. 그 뒤를 이어 1885년 언더우드 선교사와 아펜젤러 선교사가 들어왔다.

〈제중원 일차년도 보고서〉(1886년)에 따르면 조선인 가운데 두창을 앓지 않은 사람이 거의 없으며 그것에 걸리면 2세 이전 20%, 2-4세 20%, 4세 이전 40-50%가 사망했다.(전석원 17)

선교사들의 의료선교는 i) 정령신앙으로 표현되는 조선인의 미신과 주술 타파 ii) 전염병의 원인이 되는 세균에 관한 관념 각인 iii) 일상적 공간의 대대적인 재편과 위생관념 보급 iv) 의학적 의학인 서구적 치료체계 보급 v) 질병 치유를 기독교의 원리로 받아들이게 함 등 다섯 가지 방향으로 전개되었다.(전석원 17) 그들은 이것을 교회의 사명으로 알고 실천했다.

　당시 조선의 비위생적인 생활 환경은 비교적 안락한 서구의 삶의 자리를 두고 떠나온 그들에게 매우 위험했다. 그 와중에 미북장로교회 선교사였던 존 헤론(1856-1890)이 지방에 왕진갔다가 전염병에 감염되어 갑자기 죽었다. 미감리교회 선교사였던 윌리엄 제임스 홀(1860-1894)도 청일전쟁 때 치료활동에 헌신하다가 전염병에 감염되어 사망했다. 그의 아내 로제타 셔우드 홀(1865-1951)은 우리 나라에 여의사 양성, 여의학교 설립 등에 힘썼다. 그의 아들 셔우드 홀(1893-?)은 우리나라의 결핵 퇴치에 공을 세웠다.[46]

---

46) 안교성, 교회와 재난—한국교회를 중심으로, in: 박경수 외, 재난과 교회 – 코로나19 그리고 그 이후를 위한 신학적 성찰 85-99

인포데믹

위기를 만나면 사람들은 어떤 식으로든 돌파구를 찾으려 한다. 그 가운데 하나가 들려오는 소문(정보)에 매달리는 것이다.

세계보건기구(WHO) 산하 한 감염병연구팀이 지난해 12월 31일부터 올해 4월 5일까지 페이스북, 트위터, 온라인 뉴스 등에 떠도는 코로나 관련 가짜뉴스를 분석한 결과 치료나 예방에 관한 엉터리 정보가 보도들 가운데 40%나 차지했다고 한다.

유몽인(柳夢寅. 1559~1623)의 《어우야담》(於于野譚) 〈쇳물(鐵水)〉에 나오는 이야기다.

근세에 약을 복용해 양생하는 이들 가운데 쇠로 만든 그릇에다 밤새 물을 채워놓았다가 아침에 마시는 이가 있다. 어떤 이는 미수(眉壽)까지 살기도 한다. 재상 홍연(洪㬎)이 이 방법을 흠모해 쇳물을 자주 마셨다. 그는 끝내 천식을 앓다가 죽었다 …… 아 철의 독이 어찌 사람을 능히 장수하게 하고 혹은 사람을 병들게 하겠는가? 또 들으니 개천(价川)에 쇠 액(鐵液)이 많

아, 우물물을 마시는 자는 병이 들어 일찍 죽는다 하였다. 이
춘란(李春蘭)이라는 자가 있어 아들 다섯을 낳아 시냇가에 집
을 짓고 살게 하여, 흐르는 냇물만 마시게 하고 우물물은 먹지
못하게 하였더니 홀로 사질(邪疾)을 면하였다고 한다.

여기서 유몽인은 세상에 떠도는 정보를 믿고 건강비법으로 받아
들이는 사람들의 어리석음을 한탄했다. 이는 실로 17세기의 가짜뉴
스다.[47]

《변강쇠전》에 신사년 괴질이란 말이 나온다. 이는 1821 신사년
유행한 콜레라를 가리킨다. 당시에는 이것이 알 수 없는 질병이었기
에 '괴질'(怪疾)이라 했다. 괴질의 다른 이름은 쥐통이다. 그 증상이
근육에 쥐가 나는 것과 비슷해서 붙은 이름이다. 이때 사람들은 고
양이 부적을 대문에 붙여 쥐 귀신을 물리치려 했다.

오늘날에도 건강과 질병에 관련된 잘못된 정보가 적지 않다. 이
런 현상은 코로나19에도 예외가 아니다. 이란에서는 공업용 알코올
인 메탄올이 코로나19 치료제라는 가짜뉴스로 인해 코로나19 사태
초기 2개월 동안 5011명이 메탄올을 마시고 중독되었고 이 중 525
명이 숨졌다. 볼리비아에서는 표백제 성분인 이산화염소를 마시고
7명이 숨지는 사고가 일어났다. 영국에서는 5세대 이동통신(5G)이

---

47) IMH 통합의료인문학연구단, 코로나19 데카메론, 114 도서출판 모시는 사람들 2020

코로나19 감염을 확산시킨다는 말이 퍼지면서 버밍엄 리버풀 멜링 지역의 기지국이 불타는 일도 생겼다. 지난 3월 우리나라에서도 소 금물이 바이러스를 사멸시킨다며 어떤 교회에서 교인들의 입에 소 금물 스프레이를 뿌려 오히려 집단감염을 발생시키기도 했다.

요즈음 질병에 관한 것 뿐만 아니라 정치 경제 인물 등 사회생 활 각 부문에 가짜 뉴스가 많이 떠돈다. 이는 SNS에, 심지어 일간신 문이나 TV방송을 통해 실시간 공유된다. 이를 가리켜 인포데믹(= 정보전염병)이라고 부른다. 이것은 정보(Information)란 말과 전염병 (Epidemics)이란 말이 합쳐진 것이다. 이는 악성 루머나 잘못된 정보 (가짜뉴스)가 퍼져나가는 것을 가리킨다. 잘못된 정보 괴담(怪談)이 대중매체나 SNS를 통해 퍼져나가는 것은 바이러스를 통해 질병이 퍼져나가는 것과 비슷하다.

1983년 한 여성이 세 살짜리 아들을 병원에 데려 갔다가 의사에 게서 아들의 항문 주위에 보육원에 보내기 전에 보지 못했던 붉은 반점이 보인다는 소견을 들었다. 부모와 의사는 아동 성 학대를 의 심하며 이를 지역의 당국에 신고하였다. 언론이 이 소식을 대서특필 하면서 지역 사회에서는 마녀사냥 같은 분위기가 형성되었다. 그 의 심만으로 보육원에 관계된 모든 사람이 심각한 정신적 피해를 입었 다. 이 과정에서 반증은 무시되었고, 사람들은 결과를 단정하고 관 련자들을 비난했다.[48]

---

48) https://en.wikipedia.org/wiki/Echo_chamber_(media)

1990년 로스앤젤레스 타임스의 데이비드 쇼(David Shaw)는 맥마틴 보육원 사건의 진실을 폭로하면서 확정적인 증거가 없었는데도 대다수의 언론은 범죄를 예단하고 보도하였다. 큰 사건이 일어나면 종종 그렇듯 언론사 기자가 스토리를 만들면 신문과 방송은 이를 다른 사람들에게 널리 전파하고 결국 공포의 반향실(echo chamber)을 만든다'라고 평가하였다. 데이비드 쇼는 1991년 이 기사로 풀리처상 비평 부문을 수상하였다.

작년 우리나라를 뒤흔들던 조국 전 법무부 장관에 관한 정보도 그런 가짜 뉴스의 백미로 손꼽힌다. 그 일에 개개인이나 어떤 단체가 아니라 일간신문이나 주요 방송매체가 앞장섰다. 우리 사회는 매우 충격적인 이런 일을 충격으로 받아들이지 않는다. 이것이 가짜 뉴스 그 자체보다도 더 충격이다. 이런 것이야말로 사회적 괴질이요 역병이라 할 수 있다.

이를 보고 외국 언론들은 재미삼아 한국사회의 후진성을 비웃었다. 그런 논조에 잉크가 채 마르기도 전에 그들은 지난 3-4월에 이어 10월에 한국의 코로나19 대응을 칭찬하고 있다. 그런데도 우리나라 언론들 대부분은 정부의 방역대책을 제대로 평가하는데 짜다 못해 인색하다. 심지어 주요 일간신문이나 지상파 TV 방송이 충분한 취재 없이 가짜뉴스를 사실처럼 보도하기도 했다.

지금 세계 여러 나라에 가짜뉴스가 떠돌고 있다. 이것은 실수나 부실한 취재 때문에 나온 것도 있고 누군가 고의로 교묘하게 조작하여 만들기도 한다. 대중의 관심을 받고 싶어 하는 일반인뿐만 아니라 상인 종교인 전문가 정치지도자 언론사 등 내노라하는 인물이나 기관이 이런 일에 포함되어 있다.

이에 따라 가짜뉴스를 판별하는 방법도 여러 가지 제안되었다. 그것을 정리하자면 다음과 같다.[49]

첫째 정보의 출처를 확인한다. 그 기사를 작성한 기자가 어떤 사람인지, 보도하는 매체가 어디인지 확인한다. 이것은 그 소식이 공신력 있는 사람이나 기관이 내놓은 정보인지 보자는 것이다.

둘째 정보를 제공한 사람의 전공 전문분야를 확인한다. 세상에서 가장 위험한 것은 기사 몇 개, 책 네댓 권만 읽고 다 아는 체 하는 것이다.

셋째 동일한 내용에 관한 다양한 매체들의 보도를 비교한다. 기사 제목만이 아니라, 기사 내용을 꼼꼼히 읽는다.

넷째 긴가민가한 것이 있으면 전문가에게 물어본다.

다섯째 자기 자신이 가진 선입견을 확인한다. 이는 그 소식을 수용 또는 거부하는데 자신의 선입견이 어느 정도 영향력을

---

49) 영국 BBC는 가짜뉴스 구별 가이드라인으로 다음 여섯 가지를 제시했다. i) 뉴스 제공자에 관해 들어본 적이 있습니까? ii) 이것이 내가 생각하는 출처입니까? 아니면 비슷하더라도 다른 출처입니까? iii) 지도에 사건의 위치가 어디인지 잘 나타나 있습니까? iv) 다른 언론 매체에서도 보도된 적이 있습니까? vi) 지금 보는 이것이 아니라 실제로는 다른 것일 수도 있습니까?

발휘하는지를 보는 것이다.

여섯째 기사에 나오는 여러 가지 내용을 개별적으로 확인하라.

일곱째 확실하지 않으면, 비록 자신이 동의하는 내용이라도
다른 사람과 공유하지 말라.

이것은 시간과 정력이 많이 소모되는 고된 작업이다. 위와 같은
과정을 거치지 않은 채 아는 척하다가는 자칫 가짜뉴스 전파자가 될
수 있다. 이것은 어떤 면에서는 코로나19 감염에 의한 것보다 더 심
각한 피해를 낳을 수 있다. 코로나19는 감염된 사람에게만 피해를
입히는데 비해 가짜뉴스는 다수의 피해자를 만들어 내고, 더 나아가
정치 경제 사회 문화 전반에 걸쳐 불필요한 낭비를 가져오는 동시
에 상황을 악화시킬 수 있다.

요즘 언론이나 대중매체는 코로나19를 언론 상업주의의 먹잇감
으로 쓰고 있다. 각종 언론 매체들은 독자의 관심을 선도하기보다는
이용하는 기사를 더 많이 보도하고 있다. '포스트 코로나19 이후'(포
스트 코로나19)라는 주제 아래 쏟아내는 기사들이 바로 그것이다. '전
문가의'라는 부제가 붙은 그것들의 내용 대부분은 설익었다.

조선일보 '코로나19 이후의 세계'(4월 21일), 문화일보 '포스트 코
로나19 시대의 19가지 뉴트렌드'(5월 4일) 등이 그 예이다. 그들은
아직 성급할 뿐만 아니라 정확한 근거에서 출발하지도 않은 예측을
전문가의 소견이라는 이름으로 포장해 내놓고 있다. 종교계 언론도
이에 편승하고 있다. 그들은 기사를 내놓을 당시부터 이미 침소봉대

부정확 개인의 상상 등을 마치 그 중에 하나라도 우연히 맞아떨어지면 된다는 식으로 우리 사회에 퍼부어 놓는다.

지금은 코로나 이후(포스트 코로나)보다는 코로나와 함께(with corona) 살아가야 하는 시대에 관해 진지하게 이야기해야 할 때다. 곧 코로나19와 함께 살아가는 개인 사회 교회는 어떤 모습이어야 하는가를 먼저 짚어가자는 말이다.

3장

새로운
AD 시대

백신은 인류를
구할 것인가?

　백신(vaccine: 두묘 痘苗; 疫苗)이란 전염병 예방에 사용되는 의약품이다. 이것은 어떤 전염병이 생겨나 생명체를 위협할 때 후천적인 면역을 얻게 하려고 쓰는 생물학적인 제제(항원)이다. 이를 사람에게 투여하는 것을 가리켜 예방접종이라 한다.

　백신을 접종하면 인체의 면역체계는 사람이 백신의 항원으로 쓴 바이러스를 기억해낸다. 그리고 같은 바이러스에 노출되더라도 그것의 증식을 억제해서 병을 이겨내게 한다. 이것은 백신바이러스를 배양해 병원성을 떨어뜨리고, 바이러스 항원의 면역성을 살리는 방식으로 제조된다. 현재 이것은 거의 대부분이 예방목적으로, 그리고 드물게 치료 목적으로도 사용되고 있다.

　백신이란 말은 vacca(소를 가리키는 라틴말)에서 왔다. 영국의 제너(E. Jenner)가 1798년 우두(cowpox)에 걸려본 사람은 천연두에 걸리지 않는다는 사실을 알아내고는 사전접종을 통한 예방법으로 처음 이것을 만들었다. 그리고 종두법 또는 우두법(牛痘法)이라 불렀

다.(Variolae vaccinae) 그는 〈우두의 원인과 효과에 관한 연구〉라는 글을 발표했다. 1881년 파스퇴르(L. Pasteur)가 이것을 Vaccine이라 부르면서 영어권과 프랑스어권에서 그대로 쓰고 있다. 이를 독일어로 Vakzin이라 한다. 이것이 일본을 통해 한국에 들어오면서 왁찐(ワクチン)이라 했다. 지금도 북한은 이를 왁찐이라고 한다.

고대부터 현대까지 인류를 가장 많이 괴롭힌 전염병은 천연두(天然痘 두창)이다. 우리나라에서는 이것을 '마마'라고도 했다. 마치 상감마마 중전마마라고 하듯이 천연두 귀신이라며 그렇게 불렀던 것이다. 1970년대까지만 해도 우리나라 사람 대부분이 천연두 예방주사를 맞았다. 오늘날 천연두도 그에 대한 예방접종도 없어진 것은 백신의 개발 덕분이다.

코로나19가 유행하면서 각국 정부와 의료진은 백신개발에 심혈을 기울이고 있다. 지난 8월 러시아가 그것을 개발했다고 주장했다. 러시아 밖에서 그 말을 그대로 받아들여 환영하는 사람이나 나라는 지금 거의 없다. 그 가장 큰 이유는 안전을 확보하는데 필수적인 임상 3상 검증작업을 거치지 않았기 때문이다. 전염병이 생명과 관계 깊듯이 백신도 그렇기 때문에, 그것을 개발해 사용할 때 신중에 신중을 기해야 한다는 점은 두말할 필요도 없다. 실제로 브라질은 중국이 제공하는 백신을 거부하며 '우리는 실험용 쥐가 될 수 없다'고 했다.

인간은 유토피아를 꿈꾸면서, 실제로는 디스토피아를 만들어왔는지 모른다. 오늘날 우리가 '백신 백신'하는 것이 그것을 반증한다.

1923년 영국 맨체스터 대학교 연구진이 쥐에게 장염균을 투여하면서 집단면역에 관해 실험을 했다. 거기서 많은 개체의 집단에서 일정한 비율 이상의 개체가 면역력을 지니면 그 집단에서는 그 질병이 더 이상 확산되지 않는다는 것이 밝혀졌다.

전파력이 큰 감염병일수록 집단면역이 중요하다.(김명자 79) 현재까지 백신개발에 어려움이 있다. 코로나19 대응은 한편으로 백신개발 다른 한편으로 집단면역이 병행되어야 하리라. 이에 관해 칼럼니스트 토마스 프리드먼은 파격적인 제안을 했다.(김석현 19) 그 내용은 다음과 같다. 안전거리두기가 오래 지속되면 우울증과 경제악화로 어차피 많은 사람이 죽어난다. 손익계산을 해 보면 이것이 더 위험할 수가 있다. 노인 장애인 등 사회적 약자를 철저히 보호하되 청년층은 집단적인 낮은 수준의 감염을 통해 코로나19를 극복해 나가는 것이 오히려 낫지 않겠느냐는 것이다.

이렇게 집단면역으로 코로나19를 이겨내려면 그 집단의 60~70%가 감염되어야 한다는데 문제가 있다. 그럴 때 사망자가 얼마나 많을지 생각만 해도 아찔하다.

지난 3-4월 영국수상 보리스 존슨은 코로나19에 관해 '가까운 가족이 목숨을 잃는 것을 지켜볼 각오를 해야 한다'고 말해 엄청난 비난을 받았다. 비록 지나친 표현이었더라도 사실 그가 말한 것은 바이러스에 대한 적절한 대응책이 나오지 않았던 시기에 통상적으로 겪어왔던 일이다. 그는 백신 예방접종에 부정적인 견해를 표출하는 등 현대의학에 반대하는 행보를 보였다. 그는 '악수를 피하라'는 세계보건기구의 권고를 무시하고 건강한 사람이라면 손 씻기만 잘해도 예방할 수 있다며 악수를 했다. 그 안이한 태도가 화근이 되어 그는 최초로 감염된 지도자라는 불명예를 떠안았다.

우리는 앞으로 코로나19와 함께(with COVID-19) 살아야 한다는 전망이 솔솔 나오고 있다. 딱 그것만이 아니더라도 우리는 어떤 종류이든 우리는 바이러스와 함께 살아야 하리라. 그러려면 면역력을 키우는 것이 반드시 필요하다.

일단 전염병이 발생하면 그에 대항하는 백신을 개발하는 데까지 시간이 제법 걸린다. 그 기간은 짧아도 2-3년이다. 그 사이에 수많은 사람이 죽거나 피해를 당한다. 사람의 육체적 정신적 상실은 물론 문화 사회 경제 분야의 손실도 만만치 않다. 다시 말하자면 백신 개발은 소 잃고 외양간 고치는 격이다. 그것은 언제나 전염병보다 한 발 늦게 찾아온다. 망양보뢰(亡羊補牢 양을 잃어버렸어도 양우리를 고쳐야 한다)라는 말이 있듯이 전염병이 발생한 뒤에 백신을 개발하는 일이 반드시 필요하다.

백신이 안정적으로(안전하게) 사용되려면 개발된 후 최소한 한 세대가 지나야 한다. 요즘에야 천연두가 사라지다시피 했지만, 그것은 백신이 나온 뒤에도 오랜 세월 동안 천연두가 인간을 괴롭혔다.

코로나19 백신도 그럴 것이다. 그리고 코로나19가 완전히 사라지기 전에 또 다른 전염병이 생겨날 수도 있다.

이런 뜻에서 최재천 교수는 안전거리두기(사회적 거리두기)와 생태계에서 바이러스가 인간에게 옮겨오지 않도록 그것과 거리를 두는 생태백신이 중요하다고 한다.(코로나 사피엔스 33)

일반적으로 병균을 이겨내는 방법은 크게 세 가지가 있다. 1) 집단면역(herd immunity), 2) 백신, 3) 지속적인 비약물적 통제 등이다. 코로나19 상황에서 우리는 이 가운데 세 번째 방법 곧 지속적인 비약물적 통제(마스크 쓰기, 손 씻기, 역학조사, 안전 거리두기, 검사를 통한 격리)에 중점을 두고 있다. 이 가운데 어떤 것을 쓰든 감염재생산수((Reproduction number: R)를 '1' 밑으로 떨어뜨리는 것이 중요하다. 현재 COVID-19의 기초감염재생산수는 2~3사이로 알려져 있다. 앞으로 어떻게 1명의 감염병 환자가 새롭게 1명의 감염자를 만들어내지 못하게 하여 그것을 소멸시키는가가 관건이다.

만일 COVID-19 백신이 개발되어 접종을 시작하더라도 다음과 문제가 생기리라.

i) 접종 후 사망 문제

이번에 독감백신과 사망의 관계를 놓고 논란이 일어났다. 물론 이번 경우에는 일부 언론이 의도적으로 과장한 측면이 있었더라도 코로나백신 개발 초기에는 그런 논란이 어느 정도 근거가 있을 수 있다. 백신은 보통 80% 이상의 안전성이 확인된 뒤에 널리 쓰인다. 그것은 사용 승인을 받은 뒤에도 20% 이하의 위험성을 안고 있다. 세월이 흐르면서 백신의 안전성은 점점 더 좋아지더라도 초기에는 그로 인한 문제가 생길 수도 있다. 지난날 천연두나 결핵 등의 백신도 다 이런 과정을 거쳐 완벽해진 것이다. 그렇다. 지금 당장 백신이 나온다 하더라도 우리는 그것만으로 코로나19에서 완전히 벗어날 수 없다.

ii) 누구부터 접종해주어야 하는가?

백신은 처음부터 필요한 양만큼 생산되기 어렵다. 초기엔 수요에 비해 공급이 달리게 되어 있다. 그럴 때 누구 또는 어떤 집단부터 접종할 지 고민이 생긴다. 어르신, 어린이, 청소년, 의료인…… 누구에게 우선순위를 둘 지 사회적 합의가 필요하다.

iii) 안전한 유통, 보관 문제

얼마 전 우리나라에서 독감백신을 두고 유통과 보관의 문제가 생겼다. 결코 일부러 한 것이 아니더라도 사람인지라 실수가 있을 수 있다. 애써 개발한 백신, 힘들게 구매한 백신이 치명적인 역효과를 내지 않으려면 유통과 보관 과정도 지금부터 철저하게 준비해야 하리라.

아직도 옛 BC 시대를
고집하려는 기독교

엠브레인 트렌드모니터(www.trendmonitor.co.kr)는 6월 23-26일에 종교 및 종교인 관련된 인식을 조사했다. 그에 따르면 코로나19를 겪으면서 개신교회 및 개신교도에 대한 부정적인 인식이 커졌다. 개신교 신자의 이미지는 중복 응답을 허용해 보니 거리를 두고 싶은 (32.2%) 이중적인(30.3%) 사기꾼 같은(29.1%) 이기적인(27.3%) 배타적인(23%) 부정한(22.1%) 등으로 나왔다.

종교의 문제점을 중복응답을 허용하며 손꼽으라 하니 종교계의 부정부패(64.6%) 종교계의 집단이기주의(54.9%) 종교인들의 생활이 바람직하지 못한 경우가 많음(34.8%) 종교계의 정치적 개입이 많아짐(32.2%) 종교인들의 범죄가 많아짐(26.2%) 타 종교에 배타적임 (24.1%) 세속적임(18.6%)로 나왔다.

설문조사 결과는 우리를 당혹하게 만든다. 비록 이런 결과가 기독교의 진실 전부를 다 담아낸 것이 아니더라도 그 속에 상당부분 지금의 현실이 담겨 있기 때문이다.

종교 활동이 개인에 미치는 영향에 관해서는 과거대비 증가 (43.9%) 과거대비 감소(34.1%) 모르겠다(22%)로 응답했다. 종교 활동이 사회에 미치는 영향에 관해서는 과거대비 증가(54.3%) 과거대비 감소(27.1%) 잘 모르겠다(18.6%)라고 했다. 이를 요약하면 다음과 같다.[50]

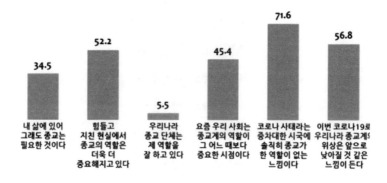

물론 설문조사는 조사 당시의 상황(이슈)이 많이 영향을 미친다. 따라서 서너 번의 조사로 결과를 도출해내는 데에는 무리가 있다. 그런 사실을 감안하더라도 설문조사에 나타난 이런 결과는 우리는 당혹하게 만든다. 보통의 경우 사회가 불안할수록 종교에 의지하는 사람들이 많아지고, 사회적으로 종교계의 역할을 많이 기대하기 마련인데 코로나19 상황에서 정반대의 결과가 나온다는 것은 심각한

50) https://www.trendmonitor.co.kr/tmweb/trend/allTrend/detail.do?bidx=1949&code=0404&trendType=CKOREA

일이 아닐 수 없다.

이 설문조사에 따르면 사람들은 종교가 한국사회를 위해 해야 할 주요한 역할을 다음과 같이 손꼽았다.

다양한 봉사활동의 주체	51.1
사회적 약자 보호	49.7
시민들의 심리적 불안감 해소	39.0
노약자/장애인 돕기	34.1
사회적 갈등 중재	28.0
사회적 가치 수호	27.3
인권 보호	26.9
사회를 위한 경제적 기부	25.8
상생의식 고취	24.8
빈민 구제	23.7

지난 2월 신천지로 인해 코로나19가 크게 퍼졌을 때 개신교회는 할 말이 있었다. '신천지는 기독교가 아니라 이단이다'라고 했다.

지난 8·15 이후 개신교도들이 하는 언행을 보며 한국개신교회는 벙어리가 될 수밖에 없다. 그들은 거짓말과 이중인격자 같은 행동을 서슴지 않았다. 심지어 신천지조차 부인하지 않았던 '코로나19'의 현실을 그들은 가짜뉴스라며 가짜뉴스를 퍼뜨리고 있다. 안타깝게도 기독교인 중에 이런 일에 앞장서는 이들이 있다. 얼굴도 참 두껍다.

이런 태도는 국민에게 개신교 혐오 더 나아가 기독교신앙을 기피하게 만드는 악종 바이러스다. 개인의 건강과 사회의 안전을 위해 사람들끼리 안전거리를 두어야할 시기에 그들은 사람들로 하여금 '하나님과 거리두기'를 하게 만들기 때문이다. 실제로 어떤 사람들은 신천지가 이단이라면 일부 개신교회들과 전00을 비롯한 일부 개신교도들은 삼단이 아니냐고 한다.

이미 지난 역사를 살펴본 대로 교회는 재난(전염병)이 있을 때마다 그것의 극복 퇴치를 위해 헌신적으로 봉사해왔다. 심지어 목숨까지 바쳐가며 재난당한 자(환자)를 구호했다.

코로나19 상황에서는 어떤가? 대다수 삼가고 조심하는 교회들과 성도들의 노력에 찬물이라도 끼얹듯이 일부 교회와 성도는 그 반대의 길을 걸었다. 그들은 옛 BC 시대의 사고방식에 묶여 전염병 확산에 일익을 담당했다. 그 결과 전체 교회와 성도의 위상이 바닥에 떨어졌다. 참 안타까운 일이다.

정부와 지자체는 코로나19가 확산되자 교회에게 모이는 예배를 자제해 달라고 요청했다. 어떤 교회나 성도는 이런 것을 신앙의 자유를 탄압하는 것이라고 주장했다. 우리나라 초대교회는 신앙과 예배에 대한 박해에 순교로써 저항했던 역사를 가지고 있다. 일부 목회자들이 예배는 목숨과 같다고 주장하는 데에는 이런 역사적 경험이 배경으로 깔려 있을 것이다.

지금은 종교박해의 시대가 아니다. 다만 코로나19로 인해 사람이 많이 모이는 일은 본인 자신뿐만 아니라 주위 사람의 건강과 생명에 위협이 될 뿐이다. 이 바이러스가 사람을 통해 감염되는 것이기 때문이다. 이것은 단순히 개인의 신체건강이나 생명만 위협하는 것이 아니다. 그것은 주변 사람들과 사회전체의 원활한 작동과 문화 및 경제활동에 막대한 지장을 준다.

당사자에게는 모이는 예배가 목숨보다 더 중요하기에 모이는 예배를 사수하며 자기 혼자 죽겠다면 억지로 말리기 어렵더라도, 그 사람으로 인해 다른 사람들이 병들거나 죽을 수 있다는 데에야, 신앙의 자유가 탄압받는다는 주장은 어색하기 짝이 없다. 이런 주장이 보통 수준의 상식을 지닌 사람들에게는 아주 터무니없이 들린다는 것을 당사자들은 알고나 있을까?

한때 코로나19가 신천지를 통해 확산되면서 반 신천지 정서가 드높았다. 그때 한국 교회는 이단에 대한 경각심을 불러일으킬 아주 좋은 기회를 만났다. 안타깝게도 일부 교회와 성도는 방역을 위한 정부와 국민의 노력에 찬물을 끼얹었다. 그들은 이단으로 향하던 여론의 화살을 정통교회로 돌려놓고 말았다. 이는 그들의 정치적 성향과 맞물려 있다. 교회와 정치가 밀착할 때 나타나는 부작용이 코로나19 방역에도 여지없이 드러났다.

코로나19와 그에 따른 팬데믹은 분명 교회와 신앙인에게도 위협이 되고 있다. 우리는 지난날 위기 위협 앞에 교회와 신앙인이 어떻게 처신했는지를 다시 한 번 살펴볼 필요가 있다. 놀랍게도 교회는 위기가 닥쳤을 때 허물어지는 대신 우뚝 섰다. 어떻게 이런 일이 가능했는가? 그것은 성경의 가르침에 온전히 따르는 교회와 성도를 통해서 이루어졌다. 교회와 성도의 역할과 사명을 제대로 인식한 깨어있는 하나님의 사람들을 통해 이루어졌다. 우리는 코로나19 상황에서 신앙의 길을 어떻게 걸어갈지를 진지하게 찾아내야 하겠다.

내 생각에는 지금 우리가 세워야할 신앙의 자세는 다음과 같다.

1) 교육목회

지금은 신앙교육의 내용과 방법을 재검토할 때다. 지금 터져 나오는 일부 개신교도들의 무리수는 개신교회가 시행해온 지난날의 신앙교육의 내용에 문제가 있다는 사실을 적나라하게 보여준다.

교회는 개인적인 영성과 신앙적 인품의 함양, 그리고 신앙의 공공성을 제대로 반영하는 균형 잡힌 신앙교육 프로그램을 만들어야 할 것이다. 이것은 코로나19로 인해 모이는 일이 힘들어진 지금 전보다 더욱 중요하다.

2) 복음을 살아내기

신앙에서 중요한 것은 배움과 실행의 조화다. 이것을 가리켜 우리는 복음을 살아내기라고 말한다. 거룩한 하나님을 아는 지식은 머리나 가슴에만 머물 수 없다. 그것은 손과 발 입술로도 이어져야만 진가를 발휘한다. 우리는 인권 정의 평화 생명 등 아름다운 가치를 누군가와 싸우는 무기로 만드느라 정작 자신의 인격으로 승화시키지 못하는 우에서 벗어나야 한다.

교회의 본질은 모이는 교회와 흩어지는 교회에 있다. 그 둘이 형식과 내용에서 상호작용을 하며 조화와 균형을 이룰 때 가장 바람직한 교회로 된다. 모이는 교회는 기도 예배 성경공부 등을 통해 복음적인 방향과 영적인 힘을 쌓는다. 이것만 강조하면 자칫 우물 안의 개구리가 되거나 세상의 빛과 소금이 되지 못한다. 아는 것 따로 행함 따로 되어 이중 삼중적인 사람이 되기 쉽다. 흩어지는 교회는 복음을 실생활에 적용한다. 모이는 교회에서 얻은 복음의 지리를 입과 손발로 실현한다. 이것만 강조하면 바람직한 선교 활동을 오래 지속할 힘을 잃거나 세속화되는 등 복음의 본질에서 벗어난다. 그 사람의 말은 옳은데 그 사람의 행동에는 세속의 때가 덕지덕지 붙어 있는 것이다.

지금은 복음을 살아내기에 매진할 때다. 이것이 교회와 성도의 위상을 좌우한다.

3) 개인 영성과 교회의 공공성

우리나라 기독교인 중에서 개인영성을 강조하는 사람들은 대체로 사회발전 성숙에 소극적이다. 자기들끼리만 좋고 주변 사람과 사회에는 해를 끼치는 것도 거리낌없이 할 때가 있다. 사회개혁에 적극적인 사람들은 대체로 개인영성이 약하다. 성경에 관한 존중감도 한참 떨어진다. 그들에게는 사회적 이슈가 하나님 말씀보다 더 큰 비중을 차지한다. 양측이 각각 보여주는 이런 약점은 자칫 그들의 신앙을 우스꽝스럽게 만들거나, 그들 자신을 이중인격자처럼 보이게 할 위험에 노출시킨다. 양측이 다 기독교의 이름으로 기독교에 먹칠하기 쉽다.

코로나19 시대에 사는 우리는 성령님과 동행하며 밭에 묻혀있는 보물을 찾는 심정으로 개인기도와 말씀묵상을 일상화해야 한다. 그렇지 않으면 우리 신앙과 신앙적 인품은 바람에 나는 겨와 같이 허무해질 것이다.

그 영성은 개개인끼리의 관계에서나 사회관계에서나 복음을 살아내기로 이어져야 한다. 새로운 AD, 곧 미래 시대의 신앙생활하는는 기독교인 개개인 안에서 개인 영성과 신앙의 공공성이 균형과 조화를 이루어야 할 것이다.

신앙의 공공성이란 한마디로 신앙인의 대인 대사회적 책임의식이다. 성경은 이런 사실을 분명히 알려준다.

23 모든 것이 가하나 모든 것이 유익한 것은 아니요 모든 것
이 가하나 모든 것이 덕을 세우는 것은 아니니
24 누구든지 자기의 유익을 구하지 말고 남의 유익을 구하라(
고전 10:23-24)

무슨 일을 하든지 마음을 다하여 주께 하듯하고 사람에게 하

듯 하지 말라(골 3:23)

신앙의 공공성이란 자기에게만 좋은 것, 교회에게만 좋은 것을 추구하는 이기주의에서 벗어나 이웃에게도, 사회에도, 자연과 우주에도 유익한 것을 지향하는 것이다.

4) 위로와 포용의 신앙

인간은 만능인이 아니다. 평소 사람은 과학기술문명이 인간의 욕구와 문제를 모두 다 해결할 것처럼 큰소리친다. 그것은 일정 부분 그런 역할을 해 왔다.

마이크로소프트사를 세운 빌 게이츠라는 사람이 있다. 그를 가리켜 사람들은 컴퓨터 황제라고 부른다. 그는 컴퓨터와 관련 사업으로 아주 큰 부자가 되었다. 많은 젊은이가 그가 이룬 성공과 부를 부러워하며, 자기도 그런 길을 가고 싶어 한다. 어떤 이들은 그를 가장 존경하는 인물로 손꼽기도 한다.

첨단컴퓨터산업이 발달하면서 미국 캘리포니아에 있는 실리콘벨리가 가장 호황을 누리던 시절에는 한 달에 평균 60명씩 백만장자가 생겨났다고 한다. 이곳은 세계를 이끌어가는 부와 산업의 전진기지로 여겨진다. 물론 그런 호황기에도 한 달에 거의 비슷한 숫자의 사람들이 파산하기도 했다.

컴퓨터만 잘하면 다 좋은 것이 아니다. 그 덕분에 인터넷신드롬이라는 심리질환이 생겨났다. 아이들, 특히 젊은이들 사이에 컴퓨터 인플루엔자 환자가 생겨났다. 이런 사람들을 치료하기 위해 심리학이 발달하고, 심리치료라는 말이 유행했다. 정신과 의사들은 이제까지 보지 못했던 호황을 누리고 있다. 정신과 의사 숫자도 점점 불어났다. 그러다보니 그들 사이에 경쟁과 눈치작전이 이만 저만이 아니다. 그들은 정신질환을 앓고 있는 사람들을 매일같이 적어도 대여섯 명 많으면 8-10명을 대한다. 그러다보니 정신과 의사 자신이 정신질환을 앓는 경우도 적지 않다. 그들 중에 우울증을 호소하거나, 자살하거나, 이혼 등으로 가정파탄이 나는 사람들이 많아졌다. 이에 정신질환을 앓고 있는 정신과의사들을 돌보기 위한 목회자가 따로 생겨났다. 정신과 의사들을 돌보기 위한 목회 상담학이 따로 생겨났다. 이런 활동을 하는 목회자 중에 또 정신질환을 앓는 사람이 또 생겨났다.

세상에는 이렇게 남보다 더 많이 안다는 사람도 질환에 시달리고, 남을 고쳐보겠다는 사람이 치료를 받아야 하는 일도 일어난다. 이래 저래 이 세상에는 위로를 받아야 할 사람이 많이 있다. 가난 사회적 재난 전염병 전쟁만이 위로받아야 할 사람을 만들어내는 것이 아니다. 우리 각 사람을 포함 해 이 세상에 사는 사람 가운데 하나님과 사람의 위로를 필요로 하지 않는 사람은 하나도 없다. 이런 뜻에서 사람이 이 세상을 살아가는 데에 꼭 필요한 것들 중에 하나가 위로다.

3 찬송하리로다 그는 우리 주 예수 그리스도의 하나님이시요 자비의 아버지시요 모든 위로의 하나님이시며
4 우리의 모든 환난 중에서 우리를 위로하사 우리로 하여금 하나님께 받는 위로로써 모든 환난 중에 있는 자들을 능히 위로하게 하시는 이시로다
5 그리스도의 고난이 우리에게 넘친 것 같이 우리가 받는 위로도 그리스도로 말미암아 넘치는도다
6 우리가 환난 당하는 것도 너희가 위로와 구원을 받게 하려는 것이요 우리가 위로를 받는 것도 너희가 위로를 받게 하려는 것이니 이 위로가 너희 속에 역사하여 우리가 받는 것 같은 고난을 너희도 견디게 하느니라
7 너희를 위한 우리의 소망이 견고함은 너희가 고난에 참여하는 자가 된 것 같이 위로에도 그러할 줄을 앎이라(고후 1:3-7)

성령 하나님과 복음에 이끌리며 위로와 동병상련의 마음을 지켜 나가기가 우리에게 그리고 이 시대에 필요하다. 새로운 AD 시대에도, 옛 Ad 시대처럼, 우리에게는 소망이 필요하다.

세상에서 가장 행복한 사람은 소망의 거울을 보통 거울처럼 쓸 수 있을 게다. 그 사람이 거울을 들여다보면 정확히 자기 모습 그대로가 보일 거라는 얘기지.(J. K. 롤링 해리포터)

새 아침이 동터올 때까지

우리는 지금 몸살을 앓으며 옛 시대와 작별하는 중이다. 해산의 진통을 겪으며 새 시대로 가는 중이다. 우리는 '코로나19로 갑자기 앞당겨진 여러 가지 일'로 인해 일상생활에 혼란과 중단을 겪고 있다. 그러면서도 우리는 신앙을 고백한다. 이 부분은 나의 책《다시 시작이다》19-38쪽에 크게 의존한 것이다.

전능하사 천지를 만드신 하나님 아버지를 내가 믿사오며……
(사도신경)

나는 전능하신 아버지, 하늘과 땅과 눈에 보이는 것과 보이지 않는 만물의 창조주이신 하나님을 믿나이다……(니케아-콘스탄 티노플 신경)

'태초에 하나님이 천지를 창조하시니라'(창 1:1)는 말씀대로, 방금 신앙을 고백한 대로 하나님은 창조주다. 코로나19 와중에 창조질서가 흔들리는 듯 한 우리 시대에 '하나님은 창조주'라는 고백은 어떤 의미가 있을까? 창 1:2에 그 대답이 있다.

> 땅이 혼돈하고 공허하며 흑암이 깊음 위에 있고 하나님의 영
> 은 수면 위에 운행하시니라

이 말씀은 하나님의 창조 이전, 곧 새시대가 시작되기 전의 모습을 세 가지로 전해준다: ① 땅이 혼돈하고 공허하며 ② 흑암이 깊음 위에 있고 ③ 하나님의 영은 수면 위에 운행하시니라.

1) 땅이 혼돈하고 공허하며

어떤 사람들은 히브리어 혼돈과 공허(tohuwabohu)가 이집트 말에서 유래했다고 본다. 이집트 말에서 이것은 목표를 잃다(th3)는 말과 머리가 없이 떠돌아다니다(bh3)는 말이 합쳐진 것이다. 이는 '정처(定處)도 정형(定型)이 없다, 목표와 형체가 없다'는 뜻이다. 이렇게 보니 혼돈과 공허란 말에 소름이 오싹 끼친다. 혼돈과 공허 앞에 서자니 왠지 무시무시하다. 생명체도 질서도, 의미도 없기에 모든 것이 가치 없게 느껴진다.

이런 생각을 하다가 일리야 프리고진(Ilya Prigogine 1917-2003)이란 화학자가 1984년에 쓴 책《혼돈으로부터의 질서》(Order Out of Chaos)를 보았다. 그는 질서와 무질서, 평형과 비평형, 우연과 필연, 가역성과 비가역성의 관계를 오랫동안 연구해 왔다. 그 책에 이런 구절

이 있다.

'혼돈이란 단순히 의미 없는 요동이 아니다. 그것은 언제라도
질서를 창출할 수 있는, 다시 말해 질서를 내포한 상태다.'

이 말을 듣고 나는 깜짝 놀랐다. 모든 것이 뒤죽박죽 종잡을 수
없는 상태가 혼돈과 공허라고 생각했는데, 혼돈 속에도 질서가 있
다니…… 그렇다면 혼돈과 공허가 찾아올 때 거기 숨어있는 질서를
찾아내며 그 질서를 따라가면 해결책도 나오겠구나' 하는 깨달음을
얻었다.

하나님 창조가 시작되기 이전의 자리는 빈자리(공 空)요 허탕(허
虛)이며 없음(無)의 자리였다. 바로 여기에 하나님의 성령이 작용하
자, 그곳은 하나님의 창조가 시작되는 자리(胎자리 혹은 잉태되는 자리)
로 되었다.

이러니 여기서 '빈자리'공허가 부정적인 뜻일까? 긍정적인 뜻일
까? 긍정적으로 보면 빈자리(공허)에는 무엇인가가 들어설 자리가
넉넉하다. 이런 저런 일로 오만가지 생각이 떠올라 우리 정신이 사
납고 공허할 때, 창조적이고 건설적인 생각이 끼어들 여지가 없을
때, 성령님과 함께 우리 마음을 비우면 성령님과 함께 충만해진다.
그러므로 공허한 그 자리에 하나님의 영이 함께 하시느냐 아니면 하
나님의 영이 없어서 방치된(잊혀진, 잃어버린) 채 있느냐가 그곳이 텅
빈곳인가 무엇인가로 가득 차 있는가보다 훨씬 더 중요하다.

2) 흑암이 깊음 위에 있고

옛 사람들은 어떤 신비한 존재가 확실한 개념으로 파악되지 않거나 설명될 수 없는 상태로 있을 때 그것을 가리켜 흑암(짙은 어둠, 현묘 玄妙)이라고 말했다. 중국 한나라(後漢) 시절에 과학자 장형(張衡 72-139)이 있다. 마가복음이 기록될 무렵 태어난 사람이다. 그는 영헌(靈憲)이란 책에서 다음과 같이 말한다:

천지가 있기 전, 깊은 맑음과 오묘한 깨끗함, 적막하고 어두운 고요가 있었다. 아무런 형상이 없었다. 그 가운데에 오직 영만이 있었고, 그 밖에는 아무 것도 없었다…… 이것을 천지 생성 이전의 혼돈(명행)이라 부른다. 모든 것의 근원적 뿌리는 도(道)에 있다…… 저절로 존재하는 것은 아무 것도 없다…… 만물 생성의 근거가 아직 나누어지지 않아 분리되지 않은 채 흐릿하였다. 이에 노자는 말했다: '천지가 생겨나기 전에 먼저 물질이 온통 뒤섞여 있었다.'

노자와 장자의 가르침을 이어받아, 장형은 혼돈(混沌)과 공허(무無)와 어둠에서 긍정적이고 창조적인 것을 보았다. 사실 생명이 잉태되고 탄생하는 자리는 모두가 어두운 곳이다. 이를테면 땅속, 동굴 속, 물속, 알속, 어머니 태 등 이런 곳에 생명의 씨앗이 움트는데, 그 어느 곳이나 다 신비하고도 캄캄하다.

이러니 창세기 1장에서 이 어둠은 긍정적일까? 부정적일까? 이

어둠은 어느 한쪽으로만 보기 어려울 정도로 신비하다. 어둠의 긍정적인 면을 하나만 보자. 우리가 잠 잘 때 대낮같이 밝은 곳에서 자는 것과 칠흑같이 캄캄한데서 자는 것 가운데 어느 쪽이 더 좋은가? 대답이 필요 없다!

3) 하나님의 영은 수면 위에 운행하시니라

셋째로 창조 이전에 하나님의 영이 운행하고 계셨다. 운행한다(라카프rāḥaf)는 말은 어떤 움직임이나 작용을 나타낸다. 신 32:11-12이다.

> 마치 독수리가 자기의 보금자리를 어지럽게 하며 자기의 새끼 위에 너풀거리며 그의 날개를 펴서 새끼를 받으며 그의 날개 위에 그것을 업는 것 같이 여호와께서 홀로 그를 인도하셨고 그와 함께 한 다른 신이 없었도다

신 32:11에서 '날개를 너풀거린다'는 말은 독수리가 보금자리 주변을 맴돌면서 그 안에 있는 자기 새끼를 지키고 돌본다는 뜻이다.

만일 신 32:11에 따라 창 1:2의 의미를 해석하면 어떤 의미일까? 성령님은 아직 깨어나지 않은 세상, 곧 아직도 혼돈과 공허, 어둡고 깊은 물 아래 잠들어 있는 세상이 새로운 모습으로 창조될 그때를 기다리며, 창조의 새아침을 맞이하기 위해 지키시며 보호하신다. 마치 독수리가 자기 새끼의 보금자리를 지키며 그들이 마음껏 활개 치

며 날아다닐 그 날을 준비하듯이, 성령님은 피조물이 새 생명으로 탄생될 그 날, 피조물이 창조의 목적을 완성할 그 날을 준비하신다. 땅이 혼돈하며 공허할 때, 성령님은 창조의 그 아침을 기다리며 혼돈과 공허한 세계를 감싸며 품으셨다.

이에 따라 '운행하다'는 말은 고대 근동에서 이것은 ① (알을) 품다, 부화시키다; ② 소중히 가슴에 품다 ③ (마치 새처럼 날개를 아래위로 내저으며) 배회하다, 부드럽게 움직이다; ④ 그늘을 만들어 주다, 보호하다는 뜻이다.

창세기 1:2에서 혼돈은 뭍과 바다와 하늘이 들어설 바탕이다. 공허(빈자리)는 생명체와 천체가 들어설 자리다. 어둠은 빛이 들어설 자리요 창조가 이루어질 자리(바탕)다. 혼돈과 공허와 어둠은 성령님이 활동하는 공간이자 창조(생명)의 산실(産室)이다. 창조되는 우주만물을 받아들여 감싸는 강보(襁褓)요, 담아내는 그릇이다. 이런 것들은 하나님이 우주 만물에게 생명과 위치와 역할을 주시려고 선택하신 분만실이다. 이런 뜻에서 우리가 인생살이에서 겪는 여러 가지 혼돈과 공허와 어둠을 바라보자. 그것은 단순히 부정적인 것만이 아니라 우리 속에 잠재된 생명의 에너지를 불러내며 창조주와 만나게 하는 자리다.

카산드라 예언이란 말이 있다. 이는 불길한 예고를 가리킨다. 이 말은 호머의 《오딧세이》에 나오는 트로이 공주 카산드라(Κασσάνδρα Cassandra)에 얽혀있다. 아폴로신은 그에게 선지(foreseeing) 능력을 준

다음에 그가 하는 말을 아무도 믿지 못하게 했다. 그는 절규했다. '내 말을 믿지 않아도 좋아요. 올 것은 반드시 오고야 말테니까.'(고대 그리스의 비극작가 아이스킬로스의《아가멤논》중) 이는 미래의 일을 앞서 말하는 것이 얼마나 어려운지, 설령 장차 그대로 된다 하더라도 그 말을 듣는 순간에는 믿고 따르기가 얼마나 어려운지를 말해준다.

코로나19 이후 전개될 새 시대에 관한 예고들은 아직 전적으로 받아들일 만큼 구체적이지 못하다. 이런 뜻에서 마치 아직 병아리로 깨어나지 못한 계란과 같다. 성령 하나님은 새 시대를 내다보며 준비하는 우리에게 처음부터 끝까지 동행하신다. 성령 하나님은 새 시대를 향한 계획과 비전과 활동이 아직 눈에 띌 만큼 구체적으로 드러나지 않을 때에도 이미 개입하시며, 만일 그것이 하나님 영광을 위한 것이라면 그것이 완성되기까지 그 진행과정 전체를 따뜻하게 품고 보호하며 인도하신다.

살다 보면 주변 사람이나 환경으로 인해 어렵고 힘들 때도 있다. 그럴 때 성령님은 우리를 품고 인도하신다. 언제까지? 우리가 환경과 처지를 이겨내고 우리 자신을 극복하며 인간의 한계를 뛰어넘어 마침내 하나님의 목적에 이를 때까지 그리하신다. 우리 인생이 혼란하고 공허하게 느껴질 때, 성령님은 우리 생활(인생)을 새롭게 창조하시려고 우리를 꼭 품으신다. 마음과 감정의 어두운 그늘이 우리 얼굴과 생활에 짙은 흔적으로 남아 때때로 괴로울 때, 성령님은 마치 창조 이전의 세계 같은 우리를 어루만지며 지켜내시다가 마침내 새로운 세계(시대)로 인도하신다.

우리는 코로나19를 통해 새롭게 열릴 새 시대 앞에 서 있다. 다양한 분야에서 다양한 사람들이 전문가를 자처하며 포스트 코로나19에 관해 이야기하고 있다. 그렇더라도 아직 확실하게 손에 잡히는 모양은 없다. 누구 말을 믿어야 할지 모르겠다. 한나 아른트가 『책임과 편견』에서 말한 것처럼 위기나 전환기에 우리 정신은 어느 정도 어둠의 시간 속에서 방황한다.

그렇더라도 그것이 끝이 아니다. 우리는 한편으로 두렵고 불안하게, 다른 한편으로 호기심과 기대를 안고 살아간다. 성령님은 우리 시대에 혼돈과 공허와 어둠속에서 갈피를 잡지 못하는 영혼을 치유하며 회복시키는 놀랍고도 신비한 분이다. 성령님은 지나가는 옛 시대의 진통을 몸살을 앓으면서도 견뎌내게 하시고 다가오는 새로운 시대를 향한 해산의 진통을 감수하며 맞이하게 하신다. 우리 각 사람에게, 그리고 코로나19를 극복하려고 수고하는 분들에게, 코로나19로 유형무형의 고통을 받는 분들에게 성령님이 새 창조의 아침을 훤히 동트게 하시기를 기도드린다.

하나님,
우리에게로 돌아오소서

슬프다 이 성이여 전에는 사람들이 많더니 이제는 어찌 그리 적막하게 앉았는고 전에는 열국 중에 크던 자가 이제는 과부 같이 되었고 전에는 열방 중에 공주였던 자가 이제는 강제 노동을 하는 자가 되었도다(애 1:1)

21 여호와여 우리를 주께로 돌이키소서 그리하시면 우리가 주께로 돌아가겠사오니 우리의 날들을 다시 새롭게 하사 옛적 같게 하옵소서 22 주께서 우리를 아주 버리셨사오며 우리에게 진노하심이 참으로 크시니이다(애 5:21-22)

찢어지게 가슴 아픈 이 두 구절로 예레미야 애가가 시작되고 끝을 맺는다. 이 책에 관해 칠십인역은 다음과 같은 서문을 달았다. '이스라엘이 점령당하고 예루살렘이 결딴난 뒤 예레미야가 앉아서 울며 예루살렘을 두고 이 애가를 불렀다.' 이 책은 인간의 죄에 하나님께서 벌을 주심으로 인한 고통과 고뇌를 보여준다. 이는 주전 586년 남왕국 유다의 멸망에서 기인한 것이었다. 그것은 한편 충격과 절망이었고, 다른 한편 유다 역사가 달라지는 분수령이었다.

예레미야 애가 5:19-21을 읽어보자.

개역개정	직역
19 여호와여 주는 영원히 계시오며 주의 보좌는 대대에 이르나이다	19 여호와는 이분, 바로 주님입니다. 주님은 영원히 다스리십니다, 주님의 보좌에 영원 무궁히, 대대로.
20 주께서 어찌하여 우리를 영원히 잊으시오며 우리를 이같이 오래 버리시나이까	20 무슨 목적으로 주님은 우리를 계속 잊고 계십니까? 우리를 버리셨습니까, 오랜 날들 동안?
21 여호와여 우리를 주께로 돌이키소서 그리하시면 우리가 주께로 돌아가겠사오니 우리의 날들을 다시 새롭게 하사 옛적 같게 하옵소서	21 우리를 돌이키소서, 여호와여, 주님께로! 그리고 우리는 반드시 돌아서렵니다. 새롭게 하소서, 우리의 날들을, 옛날과 같이,
22 주께서 우리를 아주 버리셨사오며 우리에게 진노하심이 참으로 크시니이다	22 만일 주님께서 우리를 완전히 거부하신 것이 아니라면, 우리에 대하여 엄청나게 노하신 것이 아니라면.

1) 찬양 (애 5:19)

19절은 주님을 향한 찬양이다. 그 내용은 여호와의 통치가 영원 무궁하리라는 것이다. 그 첫마디는 앗타 여호와(attâ jhwh)이다. 이 것은 명사문장(명사주장문)이다. 주어는 앗타일 수도 있고, 여호와일 수도 있다. 여기서는 히브리어의 술어-주어로 이어지는 일반 어순에 따라 여호와를 주어로 보겠다. 그렇다면 이는 포로민이 '우리의 하나님은 누구인가'라고 묻는 것에 주는 대답이다. 그 말맛은 '여호 와는 역시 당신' 곧 여호와 외에는 아무도 우리 하나님이 아니라는 뜻이다. 여기에 거룩한 네 글자(teragrammation)가 쓰인 것은 의미심 장하다. 여호와는 이스라엘의 하나님이시다. 그러므로 '우리'로 등 장하는 시인은 여전히(!) 오직 여호와만 자기들의 하나님이라 고백 하는 것이다.[51]

성경 구절의 첫마디가 앗타 여호와(attâ jhwh＝여호와는 이분, 바로 주님〔당신〕입니다).로 시작되는 경우는 매우 드물다.(시 12:8; 40:12; 사 63:16) 이는 독특한 표현이다. 이스라엘은 지금 여러 가지 악조건과 시련을 겪고 있다. 여호와는 그들에게 적대자요 억압자처럼 보이기 도 했다.(애 1:5c, 12b) 그분은 시온을 가차 없이 파괴하셨고 무자비 하게 죽게 내버려 두셨다.(애 2:17; 3:42) 그분은 적들의 지도자로 나 타나셨고(애 1:17c; 2:22a) 시온이 끝장나고 성전예배가 중단되게 하 셨다.(애 2:6-9; 4:16)

지금 예루살렘과 그 성전은 어떤 모양인가? 그것은 정복당하고 파괴당한 채 남아 있다. 애가서의 '우리'는 어떤 형편에 놓였는가? 그들은 포로민이요 노예요 뿌리가 뽑힌 채 살아가는 하층민이었다.

---

51) Renkkema 622

그런데도 그 몸서리치는 사건의 피해자들이 하나님을 찬양했다. 우리는 자신과 직간접적으로 관계있는 엄청난 사건 앞에서 낯 두껍게 피해자 코스프레로 일관하는 사람들을 흔히 보아왔다. 이런 사실을 염두에 두고 보니 애가서의 '우리'가 하나님을 찬양하는 모습이 낯설게 느껴지기도 한다. 그러면서 어떻게 이런 일이 가능할까 하며 신기한 생각도 든다.

19절은 여호와를 여전히 자신의 하나님으로 고백하는 흔들림 없는 신앙을 보여주었다.(Renkema 622) 한때 그들은 성전과 나라 잃은 민족이 당하는 서러움과 괴로움을 안고 탄식도 원망도 탄원도 해 보았다.(1-4장과 5장 앞부분) 그런 애통의 과정을 거친 뒤 그들은 자기를 돌아보기 시작했다. 이제 그들은 단순한 피해자가 아니었다. 그들은 버려진 자도 잊혀진 자도 아니었다. 국가와 민족과 성전을 이 지경이 되게 만들었다며 자기 동족 중에 누군가를 향해 돌을 던지는 자도 아니었다.

그들은 자기들이 그 누구보다도 앞서 그 사건의 원인을 제공한 자라고 솔직담백하게 수긍했다. 지난날 자기들의 언행심사로 보건데, 지금의 현실은 오히려 하나님은 살아계시며, 전능자시요, 공의로우신 분이라는 사실을 입증하는 것이라고 받아들였다. 그동안 자기들에게 일어난 일들을 살펴보며 그들은 자신의 운명을 돌이킬 수 있는 유일한 존재가 여호와라는 사실을 새삼 깨달았다. 자기들이 범한 죄악에 대한 벌로 하나님께서 주신 시련을 겪으며 그들은 오히려 하나님의 공의와 능력을 절감했다.

자신의 하나님이 누구인가를 고백한 시인은 곧바로 하나님을 찬양했다. '주님은 영원히 다스리십니다!' 개역개정이 '계시다'로 옮긴 말(야샤브 jāšab)은 앉다 정착하다(살다 거주하다) 머물다라는 뜻이다. 하나님의 머무심(거주하심)은 웅대할 뿐만 아니라 (불안과 초조를) 진정시키는 기능을 한다. 여기서 이것은 정적이라기보다는 동적인 말맛을 지녔다.[52]

여기에 쓰인 보좌(kisē)라는 말은 앉는 의자가 아니라 통치 권세나 통치능력을 가리킨다.(삼상 1:9; 왕상 21:9; 시 94:20) 이것은 보좌에 앉으신 여호와 하나님께서 온 우주만물과 삼라만상을 다스리시는 것을 나타낸다. 주님의 보좌란 말을 들을 때 우리는 하나님의 왕권을 떠올린다.(사 6:1 참조) 이것이 미완료형(PK)으로 쓰이면서 하나님 통치의 연속성·지속성을 표현해냈다. 이는 애 5:18에 시온산이 황폐해진 것과 대조를 이룬다.(Georg 1031) 비록 시온은 파괴되었더라도 여호와는 여전히 천상보좌에서 다스리고 계신다. 하나님의 자비도 영원하다.

여호와여 주는 영원히 계시고 주에 대한 기억은 대대에 이르

---

52) 위의 책 같은 곳

리이다(시 102:12a)

여호와께서 영원히 앉으심이여 심판을 위하여 보좌를 준비하

셨도다(시 9:7a)

가장 힘들고 어려울 때 사람은 자기 자신의 처지와 형편을 바라
보면 볼수록 절망에 빠진다. 앞이 보이지 않는다. 솟아날 구멍이 없
다. 이럴 때 자기 자신이 아니라 하나님을 바라보면 어떻게 될까?
세상의 그 어떤 변화도, 사람의 그 어떤 힘도 영원하신 하나님의 자
비(헤세드)를 교란시키지 못한다. 하나님이 영원하시기에 그분의
자비는 영원 전부터 있는 것이요(시 25:6) 지금도 존재하며 앞으로
도 영원할 것이다.(19절) 비록 자신의 세상적인 지위는 바닥에 떨어
지고 자신이 소유했던 것들은 온데간데없이 사라지더라도 하나님
의 보좌는 여전히 그 자리에 있다. 개역성경이 옮긴 그대로 그것은
'영원히'(르올람 *lə ôlām*) 계속된다. 그리고 세대에 세대(르도르 봐도르
lədôr wādôr)로 이어진다.

주님의 보좌(킷세 *kisē*)는 무엇을 가리키는가? 그것은 통치자의
자리다. 그 자리는 우주 만물을 한 손에 다스리시는 분이 앉는 곳이
다. 비록 예루살렘이 함락되고 성전이 파괴되었더라도 여호와 하나
님은 여전히 보좌에 앉아 계신다. 비록 앗시리아가 망하고 그 자리
에 신바빌론이 들어서 떵떵거리더라도 여호와는 여전히 그 보좌에
앉아 계신다. 애가의 시인은 바로 이런 고백을 안고 영원하신 여호

와 하나님을 찬양했다.

2) 시간 안에서 만나는 하나님(애 5:20)

애 5:1에서 '여호와여 우리가 당한 것을 기억하시고 우리가 받은
치욕을 살펴보옵소서'라고 탄원했던 '우리'는 이제 '어찌하여'라고
묻는다. 이 말(람마 *lāmmâ*)은 순전히 이유를 묻고자 하는 것이 아니
다. 하나님께서 하시는 일을 도저히 이해할 수 없기에 원망어린 투
로 탄원하는 것(Jenni 286이하; Berges 297)도 아니다. 이것은 하나님께
서 애가의 '우리'에게 20절과 같이 잊혀진 것 같고 버려진 것 같은
기분이 들게 하시는 목적이 무엇인가(wozu?)를 묻는 것이다. 이 물
음의 초점은 과거와 현재가 아니라 미래에 있다. 이것은 미래지향적
인 물음이다.[53]

20절은 사 49:14를 생각나게 한다. "오직 시온이 이르기를 여호
와께서 나를 버리시며 주께서 나를 잊으셨다 하였거니와" 애 5:1에
'기억하소서'(자카르 *zākar*)라고 탄원했던 시인은 여기서 '잊으셨습니
까'(샤카흐 *šākaḥ*)라고 묻는다. 개역이 '영원히'라고 옮긴 말(라네챠흐
lāneṣaḥ)은 '끝까지, 항상'이란 뜻이다. 개역개정이 '오래'라 옮긴 말 (
르오레크 야밈 *lə ōrek jāmîm*)은 본디 '날들의 길이, 평생'이다.

---

53) D. Michel,

이것은 기억과 망각의 변증법이다. 이것은 단순히 정신작용을 나타내는 말이 아니다. 그보다는 구체적인 인물이나 사안에 관한 의식적인 의사표명이다.(Berges 298) 목적의식을 아주 또렷하게 표현하는 것이다.

> 야곱아 이스라엘아 이 일을 기억하라 너는 내 종이니라 내가
> 너를 지었으니 너는 내 종이니라 이스라엘아 너는 나에게 잊
> 혀지지 아니하리라(사 44:21)

예루살렘이나 성전 등 장소에 관한 언급 대신에 시간에 관한 언급이 19-20절에 4차례나 있다: '영원히, 대대에, 영원히, 오래.'(직역: 날들의 길이, 평생) 이것들은 전치사 르(la)와 함께 쓰였다. 이것은 종종 무제한으로 전개되는 시간을 가리키는 의미로 쓰였다.[54] 포로나 거대한 재앙으로 인하여 '지정된 공간(성전)'에서 예배드릴 수 없게 된 이스라엘을 위해 하나님은 '시간'을 주제로 삼게 하셨다.

우리는 코로나19로 인해 정해진 장소(교회)에 모이는 것에 커다란 제약을 받고 있다. 이제 우리는 장소보다는 시간 안에서 하나님을 수시로 만나야 한다. 전에는 정해진 장소에 모이는 것만으로도 신앙의 깊이를 어느 정도 가늠할 수 있었다. 이제는 시간 안에서 하

---

54) E. Jenni, Lamed 274f.

나님을 만나지 못하면 끝내 그분과 영적인 교제를 나눌 수 없을 정
도가 되었다.

이에 따라 우리의 신앙 형식과 내용도 변화될 수밖에 없다. 지난
시절 우리는 목사, 신학박사, 장로, 권사, 집사, 교사라는 신분이, 총
회장 총무 회장과 부회장 위원장 등의 직위(지위) 자체가 곧 신앙의
깊이와 높이를 보여주는 척도인 양 착각했다. 이런 것을 획득한 사
람은 타인에게는 물론 하나님으로부터 자신의 신앙과 역할을 인정
받았다고 착각하곤 했다.

이제부터 그런 것이 통하지 않을 것이다. 이제는 그보다는 하나
님의 말씀을 우리 각 사람의 마음과 영혼과 행위를 움직이는 원동력
으로 받아들이는가 여부로 신앙의 성숙도를 가늠할 때가 되었다. 더
나아가 지구촌에 사는 인류 공동체, 풀과 나무와 산과 강 등 자연세
계와 진정한 의미에서 친밀한 교제를 시작할 '시간'이 무르익었다.

3) 오래된 미래들 (애 5:21)

이것은 회복(구원)을 향한 간절한 간구이자 신앙고백이다. 19절
에 이어 21절에서도 '우리'(화자)는 하나님 이름(여호와)을 부르며 자
기들이 원하는 바를 아뢰었다. 이 부분에서 짚어볼 것은 세 가지다.

i) 헤시브누(= 우리에게로 돌아오소서)

여기서 돌아서는 주체는 하나님이다. 애가의 시인은 하나님을 향
해 돌아오시라고 간절히 청했다. 이것은 단순한 요청이 아니다. 이

는 자기들의 구원이 하나님 손에 달렸다는 사실을 너무나도 절실하게 깨달았기에 간절하게 바치는 염원이다.

'여호와여 우리를 주께로 돌이키소서'라는 간구는 하나님께서 i) 자기들에게서 멀리 떠나셨다거나 ii) 은혜를 베푸시지 않았거나 iii) 자기들이 당한 처지와 형편에 모른 채 눈 감고 계시기에 자기들이 비참해졌다는 원망어린 하소연이 아니다. 이것은 하나님께서 자비를 베푸시지 않으면 무기력한 자기들에게는 희망이 없다는 절박한 탄원기도다. 자기들이 구원받을 길은 자기들의 태도에 달린 것이 아니라 오직 하나님의 손에 달렸다는 신앙고백이다. 21절의 밑바탕엔 '어떤 경우에도 오직 여호와만이 우리 하나님이요, 우리의 구원이라'는 신앙이 깔려 있다.

ii) 나슈브 / 나슈바(nāšûb = 우리는 돌아섭니다 / ιāšûbâ = 우리는 돌아서렵니다)

이것은 하나님께 간곡하게 청원기도를 드린 애가의 시인이 자기가 해야 할 바를 천명한 것이다. 자신의 구원여부가 하나님 손에 좌우된다 해서 우리는 가만히 손 놓고 기다리고만 있으면 다 되는 것일까? 아니다. 시인은 자신이 할 수 있는 최선을 다하겠노라고 굳게 다짐했다.

내가 네 허물을 빽빽한 구름 같이, 네 죄를 안개 같이 없이하

였으니 너는 내게로 돌아오라 내가 너를 구속하였음이니라(사 44:22)

……주는 나의 하나님 여호와이시니 나를 이끌어 돌이키소서 그리하시면 내가 돌아오겠나이다(렘 31:18)

우리가 스스로 우리의 행위들을 조사하고 여호와께로 돌아가 자(애 3:40)

iii) 커케뎀(= 옛날처럼)

얼핏 보기에 여기서는 '새롭게'란 말과 '옛날같이' 라는 말이 충돌한다. 여기서 옛날은 하나님의 구원행위가 강력하게 나타났던 때를 가리킨다. 더 나아가 그것은 지난날 영화로웠던 시절의 '모든 것'이 아니다. 어느 시대나 빛과 그림자는 있기 마련이다. 이스라엘 사람들이 그리워하는 옛 시절도 역시 그렇다. 이들이 그리워하는 옛날은 그 시절에 있었던 영육간의 장점, 그 시절에 꽃피어났거나 꽃피우려 했던 영육간의 바람직했던 내용이다. 그 옛날은 애가의 '우리'가 꿈꾸는 미래와 결합된 옛날, 곧 새롭게 된 옛날이다. 이것은 단순한 향수나 회귀나 복구가 아니다. 이는 역사의 발전을 염두에 둔 옛날이다. 여기서 말하는 '옛날'을 호지(Helena Norberg Hodge)의 표현을 빌려 말하자면 '오래된 미래들'(Ancient Futures)이다.

E. H. 카는 『역사란 무엇인가』에서 역사가 무엇인지에 관해 두 가지 대답을 주었다.

역사란 무엇인가라는 나의 물음에 대한 나의 첫 번째 대답은 결국 다음과 같다. 즉 역사란 역사가와 사실 사이의 상호작용 (interaction)의 부단한 과정이며 현재와 과거와의 사이의 끊임 없는 대화다.(43)

나는 지난 강연에서 역사를 과거와 현재와의 대화라고 했는데, 그보다는 오히려 역사는 과거의 사건들과 점차적으로 우리 앞에 출현하게 될 미래의 여러 목적 사이의 대화라고 해야 옳았다. 과거에 대한 역사가의 해석도, 의의 있는 것과 적절한 것의 선택도, 새로운 목표가 점차적으로 출현함에 따라서 진화되는 것이다.(123-24)

현재 포로민인 애가의 '우리'는 고난과 함께 불투명한 미래로 인해 고통스러워하고 있다. 이럴 때 사람은 자칫 희생양을 찾기 쉽다. 누군가에게 그 원인과 책임을 떠넘기곤 한다. 애가에 나오는 '우리'는 그렇게 하지 않았다. 그들은 지나간 역사를 되돌아보며, 장차 하나님께서 이루어내실 새 역사를 꿈꾸었다. 비록 그것이 '이것이다'라고 조목조목 예를 들어가며 확실히 말할 수 없을 정도로 아직은 흐릿하더라도, 그들은 미래를 향한 소망을 가슴깊이 간직했다.

4) 은근히 내비치는 소망 (애 5:22)

22절의 관건은 그 첫 낱말 '키 임'(*ki ȋm*)을 어떻게 풀이하느냐에 달려 있다. KJV는 이를 역접 접속사(but)로, NKJV NIV ESV NASB NAS 등 다수는 양보의 접속사(unless=······하지 않는다면)로 옮겼다. 이런 뜻으로 풀이한다면 예레미야 애가는 열린 종결(open end) 형식으로 마무리 된다. 그런가 하면 RSV GNT Darby Bible Translation, ELB, 독일어공동번역(EIN)은 이를 명령문 다음의 or(= 혹은, 또는)로 보고 이를 21절에서 계속되는 의문문으로 번역했다. 개역개정과 표준새번역('아주') 공동번역 개정('아무리') 등은 이를 강조사로 풀이했다. 루터는 이를 번역하지 않았다.

어떤 번역을 선택하더라도, 그 내용은 하나님께서 '우리'를 버리지 않으실 것이며, 우리가 살길은 하나님 안에 머무는 것뿐이라는 사실에 무게를 두고 있다.(HOW 234)

이 부분을 직역하면 '만일 주님께서 우리를 완전히 거부하신 것이 아니라면, 우리에 대하여 엄청나게 노하신 것이 아니라면.'으로 옮겨진다. 22절은 21절의 간절한 염원을 하나님께서 들어주셔야만 하는 이유를 은근히 내비쳤다.(Bergers 271 ; Boeck 87, 박동현 292) 이로써 예레미야 애가는 여호와 하나님께서 이루어주실 회복을 소망하는 표현으로 마무리되었다.

위기를 만나면 사람들은 두 가지를 찾는다. 그 중 하나는 돌파구요, 다른 하나는 소망(희망)이다. 문제 너머 그 다음에 생겨날 일들이 예측가능하고 통제될 것 같으면 그 대답도 비교적 간단하다.

코로나19는 이와 사뭇 다르다. 그것은 지금까지 해 오던 관례나 일반적인 미래학으로는 짐작조차 할 수 없다.

5) 코로나19 시대에도 꿈은 살아있다.

예레미야 애가는 어떤 역사적 배경을 두고 쓰인 책인가? 학자들 대부분은 그것을 바벨론 포로와 유대 백성의 포로라고 한다. 시기로 보면 주전 587년 유다멸망에서부터 주전 538년 고레스 칙령 사이이다.

게르스텐베르거는 그 배경을 위와 같은 시기로 국한시킬 필요가 없다고 주장한다. 이 책은 어느 시대에나 있을 수 있는 거대한 재난과 그 사건에 희생당한 당사자를 배경으로 한다는 것이다.(Gerstenberger, Psalms and Lammentation 474-75) 이스라엘이 겪은 국가적 참사만 하더라도 여러 차례 있었다. 굵직한 것만 들더라도 북왕국 이스라엘의 멸망과 포로됨, 남왕국 유다의 바벨론 포로와 성전의 1차 파괴, 셀류커스 왕조 치하에서 성전의 훼손, 로마제국에 의한 예루살렘 및 성전의 파괴, 바 코흐바 독립운동 이후 가나안으로부터 추방됨, 2차 세계대전 전후의 홀로코스트 등을 들 수 있다. 1948년에는 유대인에 의해 팔레스타인 사람들 75만여 명이 가나안에서 추방당하는 알 나크바(Al-Nakba) 사건이 일어났다.

예레미야 애가를 읽을 때 이런 사실들을 감안한다면 이 책은 코로나19를 겪는 오늘의 우리가 부를 노래이기도 하다.

9개월 가까이 진행되는 코로나19 팬데믹으로부터 우리는 무엇을 얻었는가? 앞으로 점점 더 잃은 것보다는 얻은 것들이 분명하게 드러날 것이다.

이제부터 우리는 코로나 이전 시대에 사는 것이 아니라 이후 시대 곧 미래를 향해 열려진 문으로 들어가야 한다. 이는 인간의 개인생활뿐만 아니라 사회생활의 거의 전반에 해당된다. 교회도 이에서 예외가 아니다.

어떤 경우에도 여호와는 헤세드(견고한 사랑, 꾸준하고 변함없는 사랑)의 하나님이다. 이것이 바로 회복의 원동력이다. 이것은 단순히 좋았던 옛 시절로 되돌아가는 것이나, 압제적인 왕권 아래 이전의 정치 및 경제제도로 회복되는 것을 뜻하지 않는다. 이것은 오히려 약속의 땅으로 돌아오는 것을 의미한다. 그 결과 그 땅은 다시 정돈되고 질서가 잡히며, 사람들은 새로운 삶을 살게 될 것이다. 이것은 향수를 불러일으키는 어떤 것이 아니다. 단순한 복구가 아니다. 그것은 하나님의 약속이 실현되는 무대의 회복이다.(Brueggemann, 21-57)

2천 년보다 훨씬 전에 애가가 처음 외쳤던 그 탄원과 그 기막힌 현실, 그것에 버금가는 일들은 오늘 21세기에 사는 우리에게도 여전히 밀어닥치고 있다. 하나님 앞에서 애가의 시인이 목이 아플 정도로 불렀던 마지막 노래는 오늘날에도 더할 나위 없이 적절하다. 다음과 같이 다시 소리 높여 외쳐질 필요가 있다는 말이다. (F. W. Dobbs-Allsopp, 예레미야 애가, 26) 물론 하나님의 변함없는 헤세드를 믿으며, 소망을 품고.

어찌하여 주님은 우리를 완전히 잊으셨습니까?
어찌하여 주님은 우리를 이렇게 많은 날들 동안 버리셨습니까?
주님이 우리를 완전히 버리지 않으셨다면 ,
측량할 수 없이 우리에게 진노하시는 것이 아니라면,
오, 주님, 우리를 주님께로 돌이키시며
우리를 회복시켜 주소서.
우리의 나날을 과거와 같이 새롭게 하옵소서.

마치 자기들의 환경과 처지에 짓눌리며 탄원하던 공동체(애 5:2-18)가 하나님의 주권을 찬양하며, 하나님께서 새롭게 열어주실 미래를 기다리듯이, 오늘 우리도 그런 형편에 놓여 있다.

새로운 AD 시대를
내다보는 신앙생활

　기독교 교회사에 보면 전염병이 창궐할 때 믿음의 선배들은 탁월하게 처신했다. 앞에서 이미 살펴본 대로 로마시대 두 차례의 전염병(161-180년; 235년), 13-17세기 페스트가 기승을 부릴 때 종교개혁자 츠빙글리, 루터, 칼빈, 베자 등의 처신, 18세기 구한말 전염병이 돌 때 개신교 선교사들의 헌신 등이 그 예이다.

　그분들이 활약하던 시대 상황과 지금의 현실(우리 시대의 하드웨어와 소프트웨어)은 판이하게 다르다. 그러므로 그들의 마음가짐과 자세를 그대로 본받을지라도, 구체적인 실천에서는 아주 다른 길을 갈 수밖에 없다. 지금 진지하게 '코로나19 시대를 사는 신앙인 종교인은 누구일까'를 물으며 지금 여기서 우리 자신의 신앙생활을 되돌아보자.

　코로나19 위기가 진정되지 않음에 따라 사회 전 분야에 변화가 생겼다. 교회와 성도의 신앙생활 양식도 이에서 예외가 아니다.

비대면 예배 영상예배 가정예배란 말이 그런 현실을 보여준다. 사실 비대면 접촉은 기독교인에게 결코 낯선 것이 아니다. 우리는 그동안 성부 성자 성령 삼위일체 하나님과 비대면 접촉을 하면서도 신앙생활에 아무런 어려움이 없었다. 우리는 처음부터 지금까지 쭉 눈에 보이지 않는 하나님과 영적인 교제를 해 왔다. 존재감을 항상 느끼면서도 눈으로 귀로 직접 만나지 못했어도 아무 문제가 없었다. 비대면에 관한 한 우리는 하나님과 아무 장애 없이 소통하면서도 눈에 보이는 성도 함께 드리는 영상예배(가정예배)에는 왜 이리 민감한가?

몇 개월 동안 영상예배를 드리는 동안 드러난 우려할 사항은 다음과 같다.(한승진 104-105 참조)

i) 온라인 영상예배가 과연 교회의 주일예배를 대체할 수 있는가? 온라인 예배 영상이 올라오면 참여자의 숫자가 클릭수로 표시된다. 그 경향을 살펴보면 실제 예배 시간, 예배 후 주일 밤까지, 주일 이후 다음 주일 전까지 각각 1/3정도씩 배분된다. 이런 상태에서 예배 · 친교 · 선교 · 교육의 공동체인 교회의 본 모습을 어떻게 유지 · 발전시켜 나갈 수 있을까?

ii) 온라인 예배를 드리는 마음가짐과 자세는 과연 모이는 예배의 그것에 버금가는 것일까? 확인해 보니 처음 몇 번 동안은 모여서 예배드릴 때의 마음가짐과 별로 다르지 않았다. 여러 주일 되풀이 되면서 그 차이는 점점 커졌다. 현장예배 때와 같은 분위기나 역동성을 찾아보기 어려울 뿐만 아니라, 중간에 물을 마시러 간다든지, 다과를 한다든지 하는 등 다른 일을 하는 경우도 있었다.

iii) 온라인 예배가 주일성수의 정신을 약화시킬지도 모른다는 염려다. 이로써 모이기를 폐하는 어떤 사람들의 습관이 정당화되고, 정착될지 모른다는 것이다.

iv) 일반적으로 영화나 TV 프로그램은 15초 내외에 화면이 바뀐다. 한 가지 화면이 그 이상 오래 남아 있을 경우 TV 채널을 다른 데로 돌리는 경우가 많다는 연구보고서도 있다. 이런 현실을 감안할 때 영상예배 화면은 대체로 밋밋하다. 화면의 변화도 별로 없다.

교회가 사용하는 영상장비와 영상기술은 일반 사회의 그것에 비해 현저히 뒤떨어져 있으며, 비록 그런 사실을 알더라도 극복하기가 어려운 현실이다.

위와 같은 우려에 다 동의하더라도 우리는 온라인 예배가 확대되어가는 추세를 가로막을 수도 외면할 수도 없다. 이것은 교회에도 성도에게도 다 낯선 것이라 정착될 때까지 이런 저런 시행착오가 분명이 있다. 그런 것을 감안하고 함께 만들어가 긍정적으로 정착시킬 과제가 우리 앞에 놓여 있다. 코로나19의 영향으로 지금까지 극소

수였던 사이버교회가 점점 늘어나리라 보는 사람들도 있다.

비대면 예배를 드리면 큰일 날 것처럼 여기는 것 자체가 이미 패배의식이다. 코로나19 사태를 겪는 지금 우리 앞에는 새로운 신학, 새로운 교회, 새로운 신앙양식을 만들어나가라는 과제가 주어져 있다.

지금 옛것을 고수하려는 태도는 주어진 과제에 손을 대기도 전에 벌써 의욕상실이라는 중증에 걸려 있는 것이다.

우리 시대 포노 사피엔스는 대면하지 않으면서도 소통에는 물론 관계에도 별로 불편을 느끼지 않는다. 디지털 기기를 통한 연결 역시 소통이요 접촉이다. 이것을 활용하는 일은 비대면이 아니라 새로운 형식의 대면이다. 코로나19가 없었던 때에도 이미 목회활동의 일부분에 이것이 사용되어왔다. 사이버 교회도 존재했다.

지금은 어려운 시대다. 신앙생활의 내용과 형식이 변화되어야 하겠는데, 우리는 아직 '어떻게'라는 물음에 답을 찾지 못하고 있다. 일부 신학자들이 제시하는 포스트 코로나 이후의 교회와 신앙생활에 관한 의견은 아직 정제되지 않았을 뿐만 아니라, 일반적인 교회 현실을 충분히 고려(감안)해가며 나온 것이 아니기에 생뚱맞다는 느낌이 들곤 한다.

지금은 포스트 코로나 이야기보다는 어떻게 코로나시대를 건전하고 건강하게 살아내느냐에 주력할 때다. 비전을 품고 이것을 성실하게 살다보면 코로나 이후의 삶은 대부분 저절로 준비되는 것이다.

오늘 우리의 모습이 미래 우리 인생의 그림자라는 말이다.

하나님과 비대면 소통을 아무 문제없이 해 온 우리는 이제 그 비대면 교제를 사람들과도 매끄럽게 해 나아가야 하는 길에 서 있다. 이럴 때 중요한 것은 수단과 내용이다. 다행스럽게도 현대 과학기술 문명은 우리에게 비대면 교제에 도움이 될 여러 가지 수단을 만들어 놓았다.

코로나19를 만나면서 우리는 영상을 제작·편집하는데 도움이 되는 곰믹스 루마퓨전 등 여러 프로그램과 그것을 작동시키는 유튜브, 구글 글래스, 줌 등이 있어서 얼마나 다행인가! 이런 도구들을 하나님께서 주신 선물로 받아들이며, 긍정적이고 건설적인 방향에서 활용하는 지혜가 우리에게 필요하다.

이럴 때 성경과 기독교 역사에 주목해 보자. 그러면 2천년 기독교 역사가 한 눈에 보인다. 그 역사는 교회와 신앙인은 위기와 위협을 당할 때 오히려 더 창조적으로 긍정적으로 반응하며 새로운 역사를 만드는 과정이었다.

그 역사를 기억하는 우리는 지금 이 위기의 때가 바로 교회의 역사에 새로운 장을 열어갈 때요, 신앙생활의 새역사를 만들어나갈 가장 좋은 때라는 사실에 눈을 뜨게 된다. 진실로 지금은 매우 어려운 때다. 위기를 만난 우리는 구호(슬로건)를 외치며 살아남아야 한다: "견뎌내자, 변화하자. 그리고 도약하며 새로운 시대를 만들어내자."

성큼 다가서는 AI

지난 9월 7일 이낙연 더불어민주당 대표가 교섭단체 대표 자격으로 국회에서 연설을 했다. 그 다음날 주호영 국민의힘 원내대표가 교섭단체 대표연설을 했다. 그에 관련된 기사들을 핸드폰으로 살펴보던 더불어민주당 의원 한 사람이 주 원내대표의 연설이 다음 메인 화면에 올라오는 것을 보고는 자기 사무실 직원에게 '이거 카카오에 강력히 항의해 주세요'라고 한 이어 '카카오 너무하군요. 들어오라 하셍'이라는 메시지를 보냈다.

그 의원은 언론사와의 통화에서 '어제 우리 당대표 연설이 있었고 오늘 주 원내대표 연설이 있었지만 어제 (연설은) 메인에 안 떴다'며 '당연히 (이 대표 연설이) 메인에 떠야할 사안 같은데 어제는 넘어갔고 오늘은 (주 원내대표 연설이) 전문이 실려 기사도 떴다'고 하면서 '이건 너무한 것 아니냐. 항의해야 하는 것 아닌가싶어 들어오라고 했다'고 했다.

사실 이 일은 AI로 인해 생겨난 해프닝이었다. 그 의원이 핸드폰으로 평소 야당과 관련된 가사를 자주 검색했던 것 같다. 다음이나 네이버 등은 이미 5년 전부터 포털 뉴스 편집에 인공지능 알고리즘(Algorithm)을 도입했다. 다음의 메인 뉴스는 카카오 I(아이)라는 인공지능 알고리즘에 따라 성별, 연령별로 맞춤형으로 배열되기에 이용자마다 메인에서 보이는 기사가 다르다고 한다. AI는 그 사람이 자주 검색하는 것과 관련된 기사를 파악해서 그가 핸드폰으로 뉴스를 검색할 자주 등장하게 하고 있다.

인공지능 알고리즘은 사용자가 자주 찾거나 선호하는 정보를 토대로 선별하여 정보를 추천한다. 이는 자칫 개인이나 집단에게 기존의 이념을 강화하고, 믿고 싶은 것만 믿게 만드는 반향실 효과(反響室 效果 echo chamber effect)를 가져올 수 있다.(한승진 48)

이는 정보 이용자가 전에 갖고 있던 신념이 닫힌 체계로 구성된 커뮤니케이션에 의해 증폭·강화되고 같은 입장을 지닌 정보만 지속적으로 되풀이 수용하는 현상을 가리킨다. 반향실 효과는 온라인에서 미디어 이용자들을 비슷한 성향의 그룹으로 뭉치게 만들고 그 결과 기존의 시야를 더욱 좁혀놓는다. 반향실에 처음 들어 선 사람은 자신의 신념에 그다지 확신이 없었다가도 비슷한 성향의 사람들이 하는 행동을 보고 점점 더 자신감을 갖고 과감한 행동을 하게 된다.

빅 데이터와 딥 러닝(Deep Learning)을 통해 AI는 사고능력을 가질 수 있을까? 알파고는 바둑을 아주 잘 둔다. 알파고는 2015년 프랑스인 판 후이를 이긴데 이어, 2016년 이세돌 9단을 이겼다. 2017년

5월에는 당시 세계 랭킹 1위 커제 9단, 중국 대표 5인과의 상담기(相談棋, 단체전)에도 모두 승리하며 '세계에서 가장 강력한 인공지능'임을 부각시켰다.

그런 알파고는 '나는 왜 바둑을 두어야만 하는가? 이 대국에서의 승리와 패배의 의미와 파장은 무엇인가? 인간을 이긴다면 이제 앞으로는 지긋지긋한 바둑 연습 말고 다른 분야에서 활동해 볼까' 등을 고민할 수도 있을까?

한나 아른트(1906-1975)는 독일 나치주의자 아이히만의 재판에서 자신이 무슨 일을 하고 있는지 깨닫지 못하는 평범한 직장인의 얼굴로 나타나는 '악의 평범성'을 이야기했다.(신상규 176-77) 그는 나치 12년(1933-1945) 동안 유대인들을 강제수용과 학살 현장으로 내몬 장본인이었다. 그는 놀랍게도 매우 정상적이고 건전한 생각을 지닌 한 가정의 평범한 가장이자 성실한 직장인이었다. 그는 일상생활에서 특별히 비정상적이거나 부도덕한 행동을 하지 않았다.

그렇다면 그가 저지른 이 악행의 뿌리는 어디일까? 아른트는 그 재판 참관 보고서 ≪예루살렘의 아이히만≫(1963)에서 자신이 하는 일의 의미나 가치를 따져 보지 않고 주어진 절차와 명령에 아무 생각 없이 따르는 '무사유성'이야말로 악의 근원이었다고 진단했다.

AI는 아마 아주 한참 동안 아이히만처럼 생각 없는 상태로 주어진 역할을 수행할 것이다. 그리고 사용자의 의도에 따라 선하게도 악하게도 쓰여질 것이다. 그에게서 아이히만의 그림자가 어른거린다. 마치 자동화된 기계들이 주어진 일을 정확하게 처리하듯이 히틀러의 절대적인 권력 체제 안에서 그는 현대판 AI였다.

영국은 의료나 먹거리, 교육 등에 종사하는 사람을 핵심인력(key worker)이라 부른다. 미국은 그들을 필수인력(essential employee)이라고 한다. 우리나라에서는 돈 많이 버는 직업만 중요하게 여기고 그렇지 않으면 낮추어보는 경향이 있었다. 코로나19는 우리에게 이런 사고방식부터 바꾸어 놓을 것이다. 그것은 '우리가 생활하는데 과연 무엇이 필요한가' '그런 것을 제대로 알고 정착시키려면 개인은 어떻게 의식과 행동을 바꾸고, 사회는 어떻게 조직되어야 하는가'를 생각하게 한다.(최재천 외 60-62)

이는 자연스럽게 우리 사회에 없어서는 아니 될 분야에서 일해오면서도 정당한 대우를 받지 못했던 분들의 처우가 개선되어야 한다는 의식을 갖게 할 것이다.

4차 산업혁명의 핵심은 5G와 그것을 활용한 '인공지능 로봇'이다. 올해는 로봇이란 말이 쓰인지 100주년이 되는 해다. 이 낱말은 1920년 체코 극작가 차페크(Karel Čapek 1890-1938)의 희곡 RUR(Rossum's Universal Robots 로섬의 다목적 로봇)에서 처음 쓰였다.

이 이야기의 절정은 3막이다. 로봇들이 반란을 일으켜 로봇 생산 공장을 접수한다. 로봇들에 의해 인류는 거의 멸종된다. 그들은 인간을 모두 죽이고 건축가인 알퀴스트 한 사람만 살려 놓는다. 알퀴스트는 로봇들이 원하는 생명의 비밀을 찾아 종족을 번식시킬 사람을 한 명 찾아내야 하는데 로봇들은 인간을 그 어디서도 찾아오지 못한다. 로봇 역시 파멸할 위기에 처한다. 그는 한 쌍의 로봇에서 인간성을 발견한다. 그들은 성경에서 최초의 인간 아담과 이브에 비유되는 마지막 생존자다. 두 로봇 '쁘리우스'와 '헬레나'는 연극 무대 끝에서 "아담-이브"라고 말하고 사라진다.

이 책은 우리나라에서도 1923년 《인조 노동자》란 제목으로 1923년 이광수가 처음 소개한 뒤 김기진, 박영희, 김우진 등 당대의 대표적인 문인들에 의해 재차 번역 또는 비평의 대상이 되었다. 이후로도 로봇이나 기계(컴퓨터)가 사람을 몰아내는 이야기는 다양한 관점에서 다양한 장르에서 수없이 나왔다.

여기서 로봇의 발전사와 활용범위를 간략하게 살펴보자.

SF작가 아이작 아시모프(Isaac Asimov)는 1941년 로봇공학(로보틱스 robotics)이란 용어를 사용했다. 1956년에는 조지 데볼과 조셉 엥겔버거가 로봇 회사인 유니메이션(Unimation)을 설립했다.

1962년 제너럴 모터스(GM)는 뉴저지 공장 생산라인에 산업용 로봇인 유니메이트(Unimate)를 배치했다. 1969년 스탠포드 대학 빅터 샤인먼 교수는 최초의 로봇 팔인 스탠포드 암(Stanford Arm)을 제작했다.

신시내티 마이크론은 1973년 마이크로 컴퓨터로 작동되는 산업용 로봇 T3을 출시했다. 1976년에는 우주선 바이킹 1, 2호의 탐사 작업에 로봇 팔이 사용되었다. 1997년에는 나사의 화성 탐사선인 패스파인더(Pathfinder)가 화성에 착륙하고, 거기 탑재된 소저너(Sojourner) 로버(Rover)가 화성 및 다른 행성들의 사진을 지구로 전송했다. 같은 해 혼다(Honda)는 인간처럼 걷고 계단을 오를 수 있는 휴머노이드 로봇 P3을 공개했다. 혼다는 2000년에 차세대 휴머노이드 로봇 아시모를 공개했다.

1999년 소니는 아이봇을 출시했다. 이는 강아지 모양의 로봇으로 기존의 반려동물을 대체할지도 모른다. 2018년에는 아이봇 5세대가 나왔다. 미국 식품의약청(FDA)은 일본이 만든 로봇 파로(Faro)를 신경치료용 의료기기로 승인했다. 이는 스트레스와 자폐아 치료에 쓰인다. 여러 나가가 점점 더 고령사회로 가는데다가 1인 가구가 늘어나면서 반려로봇의 수요는 계속 늘어날 전망이다.

넓은 의미에서는 로봇을 크게 두 분류로 나누어진다: 산업용 로봇과 서비스 로봇. 그것의 의미는 다음과 같다.

산업용 로봇 : 산업자동화 분야에 사용되는 2축 이상 프로그래밍 가능하며, 자동제어 및 재프로그램이 가능한 고정 또는 이동형의 다목적 매니퓰레이터

서비스 로봇 : 인간, 사회, 장비의 복지에 유용한 로봇으로서, 산업

자동화 응용을 제외한 로봇

서비스 로봇은 로보틱스의 발전에 따라 비교적 최근에 등장한 개념이며 크게 개인 서비스 로봇과 전문 서비스 로봇으로 나눌 수 있다. 이에 대한 정의는 다음과 같다.

개인 서비스 로봇(personal service robot) : 일반적으로 훈련받지 않은 개인이 비영리적 목적으로 사용하는 서비스 로봇
전문 서비스 로봇(professional service robot) : 일반적으로 적절히 훈련받은 작업자가 영리적 목적으로 사용하는 서비스 로봇

개인 서비스 로봇은 주로 가정 등에서 개인이 구입하여 사용하는 로봇을 말하며, 가정 청소 로봇이나 오락 로봇 등이 예가 되며, 전문 서비스 로봇은 의료 로봇, 지뢰 제거 로봇, 빌딩 청소 로봇 등 다양한 분야의 로봇을 가리킨다.최근 들어서 로봇에 다양한 기능이 부가되고 보다 복잡한 알고리즘과 인공지능이 탑재됨에 따라, 이를 지능형 로봇(intelligent robot)이라고 한다.

1940년대 후반~1950년대 초반에 수학, 철학, 공학, 경제 등 다양한 영역의 과학자들 사이에서 인공적인 두뇌의 가능성이 논의되었다. AI(Artificial Intelligence)란 말은 1956년 미국 다트머스 학회에서 존 매카시(J. McCarthy)가 처음 사용했다. 기계(컴퓨터)가 생각을 하고 사람을 대신할 수 있다는 점이 사람들의 관심을 끌었어도, 당시 컴

퓨터 기술로는 방대한 자료를 처리하는 문제 등을 해결할 수 없어 오랫동안 답보상태였다. 이것은 우여곡절을 겪으면서도 꾸준히 발전하여 급기야 2016년 이세돌과 AI 알파고가 바둑으로 대결하면서 일반인에게도 큰 반향을 불러일으켰다.

물론 AI를 인간의 실제 활동에 접목시키는 일은 그전부터 꾸준히 시도되어 왔다. 2013년 12월 채널4 방송은 드라마　블랙 미러 (Black Mirror) 시즌 2를 상영했다.　찰리 브루커가 기획했다. 그 첫 번째 에피소드는 곧 돌아올게(Be Right Back)이다.[55] 여기에는 마사라는 여인이 AI를 이용해 교통사고로 사망한 자신의 연인 애시와 대화를 나누는 이야기가 전개되었다.

이것은 애시가 살았을 때 인터넷에 올려놓은 각종 글과 대화를 러닝머신으로 학습해 새로운 인격체를 만들어내는 어플리케이션을 통해서 이루어졌다. 이 어플은 놀랍게도 애시의 말투와 농담까지도 재현했다. 마사는 매일 애시와 대화를 나누었다. 그는 이 AI로봇이 진짜 애시가 아닌 것을 알면서도 점점 더 거기로 빠져들어 갔다.

우리나라 방송 MBC는 2020년 2월 휴먼다큐멘터리 〈너를 만났다〉를 방영했다. 이것은 AI로 3년 전 혈액암으로 세상을 떠난 나연이를 만나는 과정을 그려낸 것이다. 제작진은 나연의 생전 모습을

---

55) 이 내용은 위키페디어(https://en.wikipedia.org/wiki/Black_Mirror)와 김광석 외, 미래 시나리오 2021 의 155쪽 이하를 참조했다.

구현하려고 모션 캡쳐, AI음성인식, 딥러닝(인공신경망 기반 머신러닝) 등 최신기술을 활용했다.

AI에 기반한 자율주행 자동차가 상용화될 날이 멀지 않았다. 그 것이 널리 사용되려면 우선 사고율이 어느 정도까지 낮아져야 할지 사회적으로 합의가 이루어져야 할 것이다. 비록 지금은 자율주행 자동차가 완전한 모습으로 운행되고 있지 않더라도, 이미 자동차의 몇 몇 부분에 그것이 작동하고 있다.

AI는 우리의 스마트폰 사용에도 역할을 하고 있다. 그것은 스마트폰을 가진 사람이 인터넷 검색을 할 때 그가 주로 어떤 항목에 들어가는지를 알아내서, 그 사람의 인터넷 검색에 그런 내용이 그 사람의 스마트폰에 우선적으로 뜨도록 한다.

이렇게 로봇이 공장을 떠나 우리 생활 속으로 찾아오면서 인공지능시대가 우리에게 성큼 다가섰다. 로봇은 AI와 결합하면서 오래 전부터 산업 상업 의료 자연적-사회적 재난 분야에서 사용되던 것을 넘어 이제 점점 더 우리의 일상생활로 다가서고 있다. 로봇에 인공지능이 더해지고 사용범위가 점점 넓어지다 보면 인간이 로봇의 지배를 받는 시대가 올지도 모르겠다.

호킹(S. Hawking 2014년 BBC 방송)과 머스크(E. Musk)도 완전한 AI 가 인간을 멸종시킬 수도 있다는 우려를 표명했다. 1965년 굿(I. J. Good)은 '지능폭발'(intelligence explosion)을 상상했다.(Speculations Concerning the First Ultraintelligent Machine) 그 내용은 다음과 같다.(곽재식 230-231)

만약 사람과 같은 수준의 인공지능이 개발된다면, 이 인공지능은 스스로 다른 인공지능을 개발하고 개선해 나갈 것이다. 그렇게 인공지능에 의해 개발되고 개선된 인공지능은 그 뛰어난 지능을 발휘해 또다시 더 뛰어난 인공지능을 만들 것이다. 그 뛰어난 인공지능은 또 더 뛰어난 인공지능을 발휘해 그보다 더 뛰어난 인공지능을 만들 것이다. 이렇게 지능이 지능을 더 뛰어나게 만드는 순환개발이 일어나면 마치 사채업자가 이자에 이자를 붙이고, 바이러스가 새끼에 새끼를 치며 불어나 온몸에 퍼지듯이 삽시간에 인공지능이 어마어마하게 폭발적으로 뛰어나게 발전할 것이다.

그렇게 되면 사람은 인공지능에 뒤처지게 될지 모른다. 아마 아주 심하게 뒤처지게 될 것이다. 그렇게 되면 인공지능이 사람을 지배하고 노예로 삼거나 심지어 멸종시킬지도 모른다. 멸종보다 더 악랄한 짓을 할 수도 있다. 사람이 지능이 떨어지는 쥐나 기니피그를 실험용으로 사용하듯이, 사람보다 훨씬 더 뛰어난 인공지능은 사람을 우리 속에 가두고 사육하면서 각가지 실험을 할지도 모른다.

지금은 AI로 진입하는 시대다. AI체제에서 컴퓨터는 인간처럼 생각하는 기계로 변신한다. 앞으로 AI가 적용되는 영역과 범주는 점점 더 늘어날 것이다. 아무도 아무 것도 이 대세를 막지 못할 것이다.

AI가 등장하면서 과학기술은 더 이상 단순한 도구에 머물지 않는다. 그것은 우리 삶의 형태와 조직을 바꿀 뿐만 아니라 정체성에 까지 파고 들어와 문제를 제기한다. '포스트 휴먼'이란 말도 공공연히 쓰이고 있다. 코로나19가 이 포스트휴먼시대를 앞당기고 있다.

인공지능 알고리즘 이야기로 되돌아가 보자. 흔히 빅 데이터 딥러닝 등으로 표현되듯이 인공지능이 가진 정보의 량은 상상을 초월할 정도로 엄청나다. 인간은 아무리 해도 그런 정도의 정보량을 다 소화해낼 수 없다. AI 시대 이전에 그랬듯이 AI시대 이후에도 인간은 자기가 필요한 정보의 범주 안에서만 정보를 취득할 것이다.

바로 이런 이유로 하나님의 말씀과 신앙이 더욱 더 필요해진다. 지금까지 역사를 되돌아보건대 과학기술문명의 발달은 두 개의 얼굴을 가지고 있다. 인류의 복지 향상과 인간영혼의 피폐가 그것이다. 후자는 생명을 해치거나 생활환경을 삭막하게 만들어왔다. 앞서 언급한 몇몇 학자들의 경고도 얼마든지 나타날 가능성이 있다. 우리는 포스트 휴먼 사회가 도래하고 AI가 상용화가 되는 길을 피할 수 없다.

그렇다면 우리는 그런 것들이 가져오는 부작용을 최소화하면서 인류의 삶의 질을 높이는데 이바지하게 범인류적인 공감대와 윤리를 세워나가야 한다. 사람에게 하나님이 없다면 새하늘과 새땅을 바라보는 믿음이 없다면 어떻게 이런 길을 갈 수 있겠는가!

이제서야 비로소
진정 21세기

　지난 3 4월만 해도 만나는 사람마다 '이것이 언제 끝날까'를 주제로 대화를 나누었다. 지금은 '코로나19 이후 사회가 어떻게 될까'를 묻는다. 물음의 방향과 내용이 이렇게 달라진 이유가 무엇일까?

　이것이 언제 끝나냐고 묻는 사람들은 아마 코로나19가 종식되면 예전의 생활양식과 사고방식 그대로 유지하고픈 심정일 것이다. 이것은 지난날 인류역사가 보여주듯이 무모한 생각이다. 한번 바뀐 것이 아예 그런 일이 없었다는 듯이 예전 것으로 싹 돌아간 예가 거의 없었기 때문이다.

　이제 우리에게 두 가지가 남아 있다. 첫째 다시는 코로나19 이전 시대로 되돌아갈 수 없다는 것을 깨닫는 일이다. 둘째 그 깨달음을 바탕으로 충실하게 스스로를 바꿔나가는 것이다.

　지금 우리는 코로나19와 공존하면서 살아남을 길을 찾으려 하고 있다. 한편으로는 방역에 힘을 쓰고, 다른 한편으로 위기에 빠진 생계와 사회 경제활동을 어떻게 풀어나갈지 고민한다. 교회마다 코로나19시대에, 그 이후에 신앙생활의 양식을 어떻게 전개해야 하나를 고민한다. 다음은 1998년 쟈크 아탈리가 21세기 사전 에서 던진 물음들이다.[56]

모든 인간을 먹여 살릴 수 있을 것인가? 빈곤을 퇴치할 수 있을 것인가? 모두에게 일자리가 주어질 것인가? 어떤 지역으로 부가 집중될 것인가? 과학이 인간의 생활양식, 인간과 고통, 인간과 죽음의 관계, 교육, 오락을 변화시킬 수 있을 것인가? 어떤 기업이 살아남을 것인가? 사람들은 어떤 야망과 어떤 모험에 인생을 걸 것인가? 전쟁과 환경 재난이 인간을 위협할 것인가? 자유와 연대, 이동과 정착 사이의 대립을 어떻게 조절해 나갈 것인가?
정치인과 종교인의 위상이 어떻게 될 것인가? 어떠한 관습이 용인될 것인가? 서양문명이 여전히 지배적인 문명일 것인가? 미국은 지정학적 패권을 유지할 것인가? ……
시장과 민주주의 이외에 다른 체제가 존재할 것인가? 아직도 혁명이 가능한가? 무엇보다 우리는 함께 살아남을 것인가?

21세기가 시작된 지 20년 되었다. 이제 우리는 아탈리가 던진 21

---

56) 임승규 외. 포스트 코로나 5-6

197

세기의 물음에 진지하게 서 있다. 사실 지난 20년 동안 된 일들은 20세기와 별다른 차이가 없었다. 달력에서만 우리는 21세기를 살았을 뿐, 실제 생활내용은 20세기와 크게 다를 것이 없었다. 올해부터, 정확히 말하자면 코로나19가 퍼지기 시작하면서부터 우리는 비로소 새로 시작된 21세기에 살고 있다는 실감을 한다.

지금 우리는 아직 한 번도 가보지 못한 길을 가고 있다. 지금 우리는 말 그대로 전대미문(前代未聞) 미증유(未曾有)의 일들을 겪는 중이다. 그래서일까? 프리드맨Th. Friedman)은 지난 3월 19일 뉴욕타임즈에 기고한 글에서 '세계는 이제 코로나 이전인 BC(before CO-VID-19)와 코로나 이후인 AC(after COVID-19)로 구분될 것이다' 라고 했다.[57] 이를 자연스럽게 받아서 사람들은 주전(BC=before Christ)과 주후(AD=Anno Domini)라는 말을 위와 같이 바꾸어 말하기도 한다. 어떤 사람들은 AC 대신에 AD를 After Disease(질병 이후시대)의 약자로 쓰기도 한다.

이 시기에 우리는 많은 것을 잃고 또 많은 것을 얻는다. 사람의 관심이 잃는 것에 쏠리느냐, 얻는 것에 집중하냐에 따라 코로나19를 둘러싼 생각과 처신 및 처방에 큰 차이가 날 것이다.

로이(Arundhati Roy)는 파이낸셜 타임지(Financial Times 2020-4-3)에

---

57) https://www.nytimes.com/2020/03/17/opinion/coronavirus-trends.html 'Our New Historical Divide: B.C. and A.C. — the World Before Corona and the World After'

'팬데믹은 일종의 관문이다'(The pandemic is a portal)라는 제목으로 다음과 같이 썼다.

역사적으로 팬데믹은 인류로 하여금 과거와 단절하고 새로운 세계를 상상하게 만들었다. 이번에도 다르지 않다. 그것은 일종의 관문이다, 하나의 세계와 그 다음 세계 사이에 놓인 한 대문(a gateway)이다.

이제부터 우리는 코로나 이전 시대에 사는 것이 아니라 이후 시대 곧 미래를 향해 열려진 문으로 들어가야 한다. 이는 인간의 개인 생활뿐만 아니라 사회생활의 거의 전반에 해당된다. 교회도 이에서 예외가 아니다.

미래에는 두 가지가 있다. 하나는 단순미래다. 다른 하나는 의미미래다. 앞엣것은 예측해야 하는 미래다. 코로나19 이전에는 그것이 어느 정도 가능했다. 지금은 아니다. 우리는 아직 가보지 않은 길을 가야 하기에 거의 대부분의 영역에서 예측이 불가능하다.

뒤엣것은 우리가 마음을 굳게 먹고 만들어가야 하는 미래다. 이 것을 살아내고 만들어내는 우리의 방식은 결단이요, 변화다. 우리는 '이전에 하던 그대로'(buseness as usual)가 통하지 않는 시대를 살아내야 한다는 목표와 목적을 정해놓고 순간순간 결단하고 변화해야만 하는 것이다. 생각하기에 따라 매우 힘든, 마음먹기에 따라 매우 의미있는 새시대가 우리 앞에 열려있다.

아직도 목회자와 교인 중에는 자유롭게 모여 예배드리고 교회의 각종 행사를 하던 옛 시절을 애태우며 그리워하는 이들이 있다. 심지어 그들 중에는 정부의 방역정책이나 사회의 따가운 시선을 교회 탄압으로 받아들이는 이도 있다. 이런 사고방식과 태도로는 코로나 팬데믹 이후의 시대에 살아남을 수가 없다. 인정하든 하지 않든 관계없이 우리는 이미 이전과 다른 세상에 살고 있다.

교회도 새로운 신앙양식, 새로운 관습 문화 전통을 만들어 가야 하는데, 그러려면 시간이 많이 걸린다. 어느 정도의 노력과 시간이 필요할까?

제인 워들(Jane Wardle 1950-2015)은 2010년 새로운 습관 만들기에 자발적으로 참여할 사람 96명(남 30, 여 66)을 모집했다. 그들에게 식습관 음주습관 운동습관을 자유롭게 선택하게 했다. 84일 동안 매일 '점심식사와 함께 과일을 한 조각 먹는다' '점심식사와 함께 물을 한 병 마신다' '저녁 식사 전에 15분 동안 달리기를 한다' 등을 각자 선택하게 했다. 96명 가운데 82명이 연구분석에 활용할 만한 결과를 보여주었다. 이를 살펴보니 95%의 사람이 새로운 습관을 만들어내는데 평균 66일이 걸렸다.(중앙값 66일; 편차범위 18일~254일)

새롭게 형성하려는 습관의 복잡성과 개인별 차이가 있더라도 일주일에 4-5회 반복하는 사람은 2개월 남짓 지나는 동안 대체로 새로운 습관을 형성했다. 적응력이 아주 빠른 사람은 18일 만에, 그 반대이면서도 꾸준한 사람은 254일만에 목표에 도달했다.

우리는 i) 다양한 생물들이 치명적인 바이러스를 안고 2-3년 간 격으로 인류에게 찾아오리라는 것과 ii) 인간이 그에 대처하는 백신 을 개발하는 속도보다 그것들이 우리를 덮치는 속도가 훨씬 더 빠르 리라는 전문가들의 전망을 진지하게 받아들여야 한다. 그리고 바이 러스와 함께 공존하는 법을 배워야 한다.[58]

비록 가슴이 아프더라도 우리는 이제 현실을 인정해야 한다. '언 제 돌아갈 수 있을까' 대신에 아직 경험해 보지 못한 새로운 미래를 살아내기 위해 '무엇을 준비할까'를 물어야 한다.

우리 곁에는 '코로나19로 인하여 앞당겨진 것들'이 적지 않다. 이 에 착안하여 '코로나 사태로 바뀌는 것은 트렌드의 방향이 아니라 속도다'라고 하는 사람도 있다.(김난도 6)

코로나19로 인해 생겨나는, 아니 앞당겨진 변화 중에는 긍정적인 것도 많다. 그런 것들은 코로나19가 아니었어도 가까운 미래에 반 드시 찾아올 것들이다. 우리는 그것을 잘 살펴서 받아들일 것을 받 아들이며, 긍정적으로 개발·발전시켜 나가려는 자세가 필요하다. 이것이 코로나19 이전으로 돌아가려는 태도보다 우리를 훨씬 더 성 숙시킬 것이다. 추측 가능한 일 몇 가지만 들어보자.

---

58) 김미경, 김미경의 리부트 – 코로나로 멈춘 나를 다시 일으켜 세우는 법, 웅진 지식하우스, 2020. 28-29

1) 소유가 아니라 공유

제레미 리프킨(Jereremy Rifkin)은 2000년 《The age of access》(한글번역: 《소유의 종말》 2009년 민음사)를 냈다. 그 내용은 소유 대신에 다양한 네트워크를 통한 접속이 미래의 대세가 되리라는 것이었다. 인터넷의 꾸준한 발달로 이런 경향이 점점 더 강력해졌다.

지금까지 빈부를 결정하는 것은 소유 여부였다. 경제적 가치가 높은 것을 소유한 사람 이를 테면 서울 강남에 있는 아파트를 소유한 사람, 금이나 다이아몬드 같은 보석을 많이 가진 사람, 잘 나가는 회사의 주식을 다량 보유한 사람이 부자였다. 이런 것들에는 누구나 손쉽게 손에 넣을 수 없다는 '희소성의 원리(법칙)'이 적용되었다.

5G에 기초한 네트워크 세상 곧 초(超)고속 초저지연 초연결이 관건인 세상에서는 소유 = 부자라는 전통적인 관념이 통하지 않는다. AI(인공지능)와 ICBM(IoT, Claud, Big Data, Mobile) 기술에 바탕한 4차 산업혁명 시대에는 희소성의 원리도 정답이 아니다.

그보다는 공유의 가치가 더 큰 영향력을 발휘한다. 이를 테면 유튜브 같은 SNS에서 인기를 끄는 인플루언서들이 지닌 영향력이나 경제적 가치가 막강해졌다.

예전에는 좋아하는 영화나 노래를 들으려고 LP음반이나 비디오테이프 CD DVD 등을 사 소장했다. 언제부터인가 그것은 MP3나 아이튠즈를 통한 음원 형태로 바뀌었다. 지금 사람들은 멜로 플로 등 음원 플랫폼에 회원으로 가입해 회원권을 얻는다. 소비방식이 소유(ownership)에서 가입(membership) 곧 구독경제로 되었다. 이에 따라 실시간 시청 청취 디지털 기술(Streaming)을 바탕으로 하는 스포티파이, 넷플릭스, HBO, 훌루, 애플 뉴스플러스 등 영상이나 음악 뉴스 스트리밍 업체들이 각광을 받고 있다.

2) 호모 파텐스의 출현

옛 BC사회로부터 옛 AD사회에 이르는 인간상은 크게 다음과 같다.

고대: 호모 루덴스(homo ludens 축제 놀이하는 인간)

중세: 호모 아베우(homo aveu 고백 예배하는 인간)

17세기: 호모 사피엔스(homo sapiens 생각하는 인간)

18세기: 호모 에코노미쿠스(homo economicus 경제적인 인간)

19세기: 호모 파베르(homo faber 노동하는 인간)

20세기~ : 호모 폴리티쿠스(homo politicus 권력지향적인 인간)

호모 레시프로쿠스(homo reciprocus 상호 의존하는 인간)

호모 심비우스(hom symbius 공생하는 인간)

포노 사피엔스(phono sapiens 디지털 통신 인간)

AI와 로봇이 인간사회의 각 영역에 광범위하게 사용된다면, 인간의 노동시간은 크게 단축되고 여가 시간이 늘어날 것이다. 이런 시대에 '의미 있는 목표에 도전하는 인간' 곧 호모 파텐스가 등장한다. 이 말은 노동하는(도구를 사용하는) 인간(homo faber)와 놀이하는 인간 (hom ludens)를 합친 것이다. 이는 한 손에는 의미를 다른 한 손에는 재미를 붙잡는 것이다.

의미 없이 재미만 추구하면 사회와 분리되고, 재미없이 의미만 쫓으면 개인은 탈진할 것이다.(이준호 외 228) 4차 산업혁명 시대의 일이란 재미와 의미가 융합된 업(mission)이다. 이는 사회에 가치있는 성과를, 개인에게 자아성취를 선물할 것이다. 자기 개성·적성·취미에 관계없이 돈벌이나 명예를 위해 직업을 선택하던 시대가 이미 저물어가고 있다.

3) 전 국민 기본소득

기본소득에 관한 주장을 처음 편 사람은 미국 독립의 지도자 토머스 페인Thomas Paine, 1737-1809)이다. 그는 아마 영국 정치가 토마스 모어가 《유토피아》(1515-16)에서 말한 것에 영향을 받았을 것이다. 이는 사람이라면 누구나 인간다운 존엄성을 유지하면서 살아가는 데 꼭 필요한 기초생활비를 무조건 보장하자는 것이다. 이것은 정부가 지자체가 자산조사와 근로에 대한 요구 없이 모두에게 개인 단위로 조건 없이 정기적으로 지급하는 현금 급여'다.

17 이스라엘 자손이…… 거둔 것이 많기도 하고 적기도 하나
18 오멜로 되어 본즉 많이 거둔 자도 남음이 없고 적게 거

둔 자도 부족함이 없이 각 사람은 먹을 만큼만 거두었더라(출 16:17-18)

14 이제 너희의 넉넉한 것으로 그들의 부족한 것을 보충함은 후에 그들의 넉넉한 것으로 너희의 부족한 것을 보충하여 균등하게 하려 함이라
15 기록된 것 같이 많이 거둔 자도 남지 아니하였고 적게 거둔 자도 모자라지 아니하였느니라(고후 8:14-15)

페인은 〈농업의 정의〉(1796)라는 글에서 국가 기금을 조성해 남녀를 불문하고 21살이 되는 국민에게 15파운드를 지급하며, 50살이 넘은 모든 국민에게는 매년 10파운드를 지급할 것을 제안했다.

페인은 〈농업의 정의〉(1796)라는 글에서 국가 기금을 조성해 남녀를 불문하고 21살이 되는 국민에게 15파운드를 지급하며, 50살이 넘은 모든 국민에게는 매년 10파운드를 지급할 것을 제안했다.

이 주장은 1797년 토머스 스펜스의 《아동의 권리》, 19세기 샤를 푸리에와 조세프 샤를리에, 존 스튜어트 밀 등으로 이어졌다. 넓게 보면 마르크스의 '능력에 따라 일하고 필요에 따라 받는다'는 주장도 이것과 흐름을 같이 한다. 기본소득에 관한 주장은 소위 말하는 진보적인 사람들에게 뿐만 아니라 케인스주의자나 심지어 보수적인 사람들에게도 있다.

AI와 로봇이 널리 사용되면서 노동하며 살아야 하는 인간은 노동 밖으로 밀려나는 변화가 일어나고 있다. 세계경제포럼은 2016년 앞으로 5년 동안 510만개의 일자리가 사라지리라고 예측했다. 유엔 미래보고서는 2045년이면 지금 일자리의 80%를 AI가 대신하리라고 예상했다. 2017년 컨설팅기업 매킨지도 2030년까지 전세계에서 약 8억 명이 실업자가 될 것으로 내다보았다. 2019년 고용전망 보고서에서 OECD는 회원국에서 전체 일자리의 45%가 자동화로 인해 사라지리라고 추측했다.(신상규 178)

물론 AI로 인해 새롭게 생겨나는 직업군도 있을 것이다. 그런 것은 아직 예측하기가 쉽지 않으며, 사라지는 것에 비해 그 숫자가 상당히 적을 것이다.

일자리가 줄어들고 임금노동이 극소화된다면 사람들은 어디서 어떻게 생활비를 조달할 것인가? 코로나19로 인해 앞당겨지는 5G와 AI로 인해 당분간 고용한파가 밀어닥칠 것이다.

이런 상황을 감안해 기본소득이 제안되었다. 스턴(A. Stern 북미 서비스노동조합 조합장)은 《노동의 미래와 기본소득》(2016)에서 고용의 종말에 대처하는 방안으로 기본소득을 제안했다. 그에 따르면 이것은 선별적 복지정책의 문제점(복잡한 절차, 사각지대, 자존감 위축 등)을 해소하고, 노동자에게 더 큰 자유와 선택지를 제공할 뿐만 아니라 빈곤감소와 불평등 완화에다가 소비를 진작시키는 효과까지 거둘 수 있다.(신상규 외 196)

2019년 10월 우리나라(26일 오후 3~5시, 서울 마로니에공원에서 보신 각까지)를 비롯해 26개국에서 기본소득 시행을 공론화하려는 '국제 기본소득행진'(Basic Income March)이 열렸다. 우리나라의 검색어 민간 연구소인 "LAB2050"는 기존 세금제도의 수정만으로도 아래와 같은 기본소득의 시행이 가능하다는 연구결과를 냈다.

연도	2021년		2023년		2028년	
인구	51,822,000		51,868,000		51,942,000	
월 기본소득 지급액	30만 원	40만 원	35만 원	45만 원	50만 원	65만 원
필요재원	187조 원	249조 원	218조 원	280조 원	312조 원	405조 원

한국기독교장로회 목회와 신학연구소, 한국기독교교회협의회 신학위원회 등도 기본소득에 관한 세미나를 개최하는 등 이 일에 관심을 갖고 있다.

다음은 기본소득에 관련된 해외 사례다.(신상규 외 197)

국가	시기	내용
네덜란드 위트레흐트시	2017년 5월~	사회보장급여 받고 있는 600~900명 대상으로 매달 현금으로 개인 또는 부부에게 지급. 960유로를 받는 집단 등 6가지 모델로 구성
미국 알래스카주	1982년~	1976년 석유 수입에 근거한 알래스카 영구기금을 설치. 1982년부터 영구기금 수입으로 모든 주민에게 1년 1회 배당 (1,000~3,000달러)
핀란드 중앙정부	2017~2018년	장기실업자(25~28세) 2,000명을 대상으로 월 560유로로 지급하는 실험 진행
캐나다 온타리오주	2017년 7월~ 2018년 8월	18~65세 빈곤층 주민 4,000명에게 3년간 매달 1,320캐나다달러 지급
스페인 바르셀로나	2017년 12월~	시 정부가 참가자 950명에게 매달 1,000유로로 내외 지급. 지급액 일부 블록체인 기반 지역화폐로 지급.

아마 올해 연말까지는 우리 눈에 코로나19로 말미암아 생겨난 부정적인 요소들이 많이 눈에 띌 것이다. 그리고 내년 이후로는 코로나19를 계기로 일어나는 긍정적인 요소들이 점점 더 실감나기를 기대해 본다.

하나님은 2-6세기 로마시대의 전염병과 유스티니아누스 전염병을 거치는 동안 고대 노예제 사회가 중세 봉건제 사회로 이행하게 하셨다. 14-16세기 창궐한 흑사병은 어떤가? 그것은 중세 봉건제를 근대 자본주의 사회로의 이행에 징검다리가 됐다. 하나님께서 21세기 코로나19로 현대 자본주의 아래 사는 우리에게 어떤 시대가 열리는 건널목으로 삼으실까? 자못 궁금하다.

창조 이전 혼돈과 공허와 어둠의 깊음 속에서 운행하셨던 성령님(창1:2)께서 우리와 우리 다음 세대의 세상에도 인류를 비롯한 모든 피조물에 어디서나 언제나 함께 하시기를 기도드린다.

참고문헌

• 고환상 외, 뉴 노멀로 다가온 포스트 코로나 세상, 지식 플랫폼, 2020
• 곽재식, 로봇 공화국에서 살아남는 법, 구픽, 2016
• 김광석 외, 미래 시나리오 2021, 더 퀘스트, 2020
• 김난도 외, 트렌드 코리아 2020, 미래의창, 2019
• 김난도 외, 트렌드 코리아 2021, 미래의창, 2020
• 김명자, 팬데믹과 문명, 가치, 2020
• 김미경, 김미경의 리부트 코로나로 멈춘 나를 다시 일으켜 세우는 법, 웅진 지식하우스, 2020
• 김석현 외, 코로나19, 동향과 전망, 지식공작소, 2020
• 김수련 외, 포스트 코로나 사회: 팬데믹의 경험과 달라진 사회, 글항아리, 2020
• 김용섭, 언컨택트, 퍼블리온, 2020
• 나는 미래다 방송팀(권용중 옮김), 인공지능의 현재와 미래, 모아스, 2020
• 박경수 외, 재난과 교회 – 코로나19 그리고 그 이후를 위한 신학적 성찰, 장로회신학대학교 출판부, 2020
• 박동현, 예레미야 II, 대한기독교서회, 2006
• 박세길, 대전환기 프레임혁명: 포스트 코로나, 사람 중심 경제로의

전환, 복아비북, 2020

- 신상규 외, 포스트 휴먼이 몰려온다. AI 시대, 다시 인간의 길을 여는 키워드 8, 아카넷, 2020
- 신형섭 외, 재난과 교회 – 코로나19 그리고 그 이후를 위한 목회적 교육적 성찰, 장로회신학대학교 출판부, 2020
- 안희경, 오늘부터의 세계. 세계 석학 7인에게 코로나 이후 인류의 미래를 본다, 메디치, 2020
- 윤혜식, 클라우드. 포스트 코로나, 비대면 사회의 기술혁명, 미디어샘, 2020
- 이도영, 코로나19 이후 시대와 한국교회의 과제, 새물결플러스, 2020
- 이준호 박지웅, 5G와 AI가 만들 새로운 세상, 칼라북스, 2020
- 임승규 외, 포스트 코로나. 우리는 무엇을 준비할 것인가, 한빛 비즈, 2020.
- 최재천 외, 코로나 사피엔스. 문명의 대전환, 대한민국 대표 석학 6인이 신인류의 미래를 말한다, 인플루엔셜, 2020
- 한승진, 코로나와 한국교회, BOOKK, 2020
- 홍윤철, 팬데믹 – 바이러스의 습격, 무엇을 알고 어떻게 준비해야 하는가?, 포르체, 2020
- IMH 통합의료인문학연구단, 코로나19 데카메론, 도서출판 모시는사람들 2020
- W. Brueggemann, Virus as a Summons to Faith: Biblical Reflections in a Time of Loss, Grief, and Uncertainty(신지철 옮김, 다시 춤추기 시작할 때까지: 코로나 시대 성경이 펼치는 예언자적 상상력, IVP, 2020)
- E. L. Dietrich, Shuv shevut Die endzeitliche Wiederherstellung bei den Propheten(BZAW 40), Verlag von Alfred T pelmann in Giessen,

1925

- J. C. Lennox, Where is God in a Coronavirus World?(홍병룡 옮김, 코로나바이러스 세상, 하나님은 어디 계실까?, 아바서원, 2020)
- J. Lundbom, Jeremiah, Vol. 2 : Jeremiah 2136. A New Translation with Introduction and Commentary. The Anchor Bible 21B. Doubleday, New York 2004
- J. Piper, Coronavirus and Christ(조계광 옮김, 코로나 바이러스와 그리스도, 개혁된실천사, 2020)
- J. Schgenker, COVID 19(박성현 옮김, 코로나 이후의 세계, 미디어숲, 2020
- M. Davis etc(장호종 엮음), 코로나19 - 자본주의의 모순이 낳은 재난, 책갈피, 2020
- R. Stark, The Triumph of Christaianity : How the Jesus Movement Became the World's largest Reiligion, Harper One, 2011.
- T. Wright, God and the Pandemic(이지혜 옮김, 하나님과 팬데믹 - 코로나와 포스트 코로나 시대에 대한 기독교적 성찰, 비아토르, 2020
- S. Zizek, Pandemic! COVID-19 Shakes the World(강우성 옮김, 팬데믹 패닉. 코로나19는 세계를 어떻게 뒤흔들었는가?, 북하우스, 2020)
- 강철, "코로나19 팬데믹 상황에서 메시지는 어떻게 소통되어야 하는가", 철학 143(2020. 5) 87-109
- 이영석, 19세기 후반 전염병과 국제공조의 탄생, 역사비평(2020. 05) 222-245
- 이은화, 코라나19세대, 정신건강 안녕한가, 이슈&진단(경기연구원 2020.5) 1-21
- 전석원 여인석, 1884-1910년의 급성 전염병에 대한 개신교 의료 선교사업. 개항기 조선인의 질병관, 의료체계에 대한 계몽주

의적 접근, 한국기독교역사연구소소식 96(2011) 16-21

- N. Karakayali, "Social Distance and Affective Orientations", Socio-logical Forum, 24(2009) 538-562

- W. Steffen; P. J. Crutzen; J. R. McNeill, The Anthropocene: are humans now overwhelming the great forces of Nature?, AMBIO. 36 (2007) 614621

- E. Yudkowsky: Artificial Intelligence as a Positive and Negative Factor in Global Risk, MIRI, in: Nick Bostrom and Milan M.Cirkovic (ed.), Global Catastrophic Risks, Oxford University Press, 2008. 308-345

코로나19
새 시대로 가는
징검다리

초판 1쇄 인쇄 _ 2020년 11월 20일
초판 1쇄 발행 _ 2020년 11월 25일

지은이 _ 정현진
펴낸곳 _ 바이북스
펴낸이 _ 윤옥초
편집 _ 김태윤
디자인 _ 이민영

ISBN _ 979-11-5877-212-3 03230

등록 _ 2005. 7. 12 | 제 313-2005-000148호

서울시 영등포구 선유로49길 23 아이에스비즈타워2차 1005호
편집 02)333-0812 | 마케팅 02)333-9918 | 팩스 02)333-9960
이메일 postmaster@bybooks.co.kr
홈페이지 www.bybooks.co.kr

책값은 뒤표지에 있습니다.

책으로 아름다운 세상을 만듭니다. — 바이북스